应用型高等院校文科实验教材

WENMI LIYI
JIAOCHENG

文秘礼仪
教程

牛芳　敬晓庆　主编

北京师范大学出版集团
BEIJING NORMAL UNIVERSITY PUBLISHING GROUP
北京师范大学出版社

图书在版编目（CIP）数据

 文秘礼仪教程/牛芳，敬晓庆主编 . —北京：北京师范大学出版社，
2018.3（2019.8 重印）
 ISBN 978-7-303-22881-2

 Ⅰ. ①文… Ⅱ. ①牛… ②敬… ①秘书－礼仪－高等学校－教材
Ⅳ. ①C931.46

 中国版本图书馆 CIP 数据核字（2017）第 227874 号

营 销 中 心 电 话 010-58805072 58807651
北师大出版社高等教育与学术著作分社 http：//xueda. bnup. com

出版发行：北京师范大学出版社 www. bnup. com
 北京市海淀区新街口外大街 19 号
 邮政编码：100875
印 刷：大厂回族自治县正兴印务有限公司
经 销：全国新华书店
开 本：787 mm×1092 mm 1/16
印 张：12
字 数：220 千字
版 次：2018 年 3 月第 1 版
印 次：2019 年 8 月第 2 次印刷
定 价：28.00 元

策划编辑：周劲含 责任编辑：王 蕊
美术编辑：焦 丽 装帧设计：锋尚设计
责任校对：陈 民 责任印制：马 洁

编 委 会

主　　编　牛　芳　敬晓庆

副 主 编　程建虎　吕蕴鸽　何江波　闫梦田　王　素

插图摄影　乔广安

插图模特　袁　霞　都炜煜　郑　昕

目　录

第一章　文秘礼仪概述 ··· 1

　　第一节　礼仪的概念及原则 ··· 1

　　第二节　秘书与礼仪 ··· 8

第二章　文秘的仪表礼仪 ··· 22

　　第一节　仪容礼仪 ··· 22

　　第二节　着装礼仪 ··· 25

　　第三节　仪态礼仪 ··· 40

第三章　文秘的日常工作礼仪 ··· 52

　　第一节　文秘的日常工作 ·· 52

　　第二节　请示与汇报的礼仪 ··· 61

　　第三节　接待礼仪 ··· 66

　　第四节　拜访礼仪 ··· 70

　　第五节　电话礼仪 ··· 76

　　第六节　会务礼仪 ··· 81

第四章　文秘的社交礼仪 ··· 85

　　第一节　握手礼仪 ··· 85

　　第二节　介绍礼仪 ··· 90

　　第三节　名片礼仪 ··· 92

　　第四节　称呼礼仪 ··· 98

第五节　交谈礼仪 ……………………………………………………… 101

第六节　座次礼仪 ……………………………………………………… 107

第七节　馈赠礼仪 ……………………………………………………… 117

第八节　餐桌礼仪 ……………………………………………………… 120

第五章　文书礼仪 ……………………………………………………… 133

第一节　文书礼仪的内涵和表现方式 ………………………………… 133

第二节　信函礼仪 ……………………………………………………… 137

第三节　请柬礼仪 ……………………………………………………… 155

第四节　启事礼仪 ……………………………………………………… 158

第五节　其他类型的礼仪文书 ………………………………………… 164

参考书目 ………………………………………………………………… 181

后　记 …………………………………………………………………… 182

第一章　文秘礼仪概述

作为历史悠久的文明古国，中国数千年来创造了灿烂的文化，形成了系统的道德准则、完备的社会规范，有"礼仪之邦"的美誉。礼仪文明是中国传统文化的重要组成部分，对中国社会的发展有广泛而深远的影响，其内容十分丰富。

礼仪涉及的范围十分广泛，几乎包括社会的各个方面。社交礼仪对文秘工作更具有特殊意义。在文秘工作中，文秘人员往往要和来自不同领域的各种各样的人打交道，因此非常有必要熟谙交际接待等社交礼仪知识。礼仪与文秘人员的辅助决策、协调关系、自身提高都有着密不可分的关系，它在秘书工作中发挥着极其重要的作用，是文秘人员不可忽视的一项修养和技能。

讨论文秘礼仪首先要知道何为礼仪，礼仪的基本特征和原则有哪些；同时也需要理解秘书礼仪的基本知识及其功能和作用；只有懂得了礼仪以及文秘礼仪的相关概念，才能更好地开展文秘礼仪工作。

第一节　礼仪的概念及原则

自古以来，礼仪都是一个国家、一个民族文明程度的重要标志，是衡量社会公众教养和道德水准的尺度。在人类社会文明跨入新世纪的今天，礼仪已成为组织或个人的宝贵财富。礼仪的重要性不仅体现在它的文化价值、社会价值上，也越来越多地体现在它的经济价值上。

一、礼仪的概念

《孟子·离娄下》有云："君子所以异于人者，以其存心也。君子以仁存心，以礼存心。仁者爱人，有礼者敬人。爱人者，人恒爱之；敬人者，人恒敬之。"这里提到的"礼"字是尊重的意思。也就是说，从本质上讲，"礼"指的是一个人尊重自己、尊重他人、尊重社会的基本态度。尊重是相互的，"来而不往，非礼也"。一个不尊重他人的人，同样不会得到对方的尊重。"仪"在"礼仪"中是规范的表现形式，"礼"是一种态度，那么"仪"就是在这种态度下表现出来的行为。因此，概括来讲，礼仪就是人们在人际交往中出于尊重表现出来的规范行为。

范文澜在《辞经概论》一书中谈到礼仪时说："礼仪合言，皆名为礼，分言之则礼为体，仪为履。"这句话的意思是"礼是仪的根本，仪是礼的功用"。要准确把握礼仪的概念，首先应对"礼"与"仪"的含义有所了解。

（一）礼

"礼"是中国文化的突出精神，也是中国古代伦理思想的基本概念之一。好礼、有礼、注重礼仪是中国人立身处世的重要美德。

中国文化认为礼是人与动物相区别的标志，"凡人之所以为人者，礼仪也"；礼是治国安邦的根本，"礼，经国家，定社稷，序民人，利后嗣者也"；礼同时又是立身之本和区分人格高低的标准，《诗经》言："人而无礼，胡不遄死？"孔子曰："不学礼，无以立。"

中国伦理文化从某种意义上可以说是"礼仪文化"。"礼"是中华民族的美德之一。作为道德规范，它的内容比较复杂。作为伦理制度和伦理秩序，谓"礼制""礼教"；作为待人接物的形式，谓"礼节""礼仪"；作为个体修养涵养，谓"礼貌"；用于处理与他人的关系，谓"礼让"。

"礼"根源于人的恭敬之心、辞让之心，出于对长辈、对道德准则的恭敬和对兄弟朋友的辞让之情。作为一种伦理制度，"礼教"在历史上曾起过消极的作用，但作为道德修养和文明的象征，礼貌、礼让、礼节体现了中华民族的传统美德。

在当今社会，"礼"主要是指人与人之间、人与组织之间、组织与组织之间表示互相尊重、友善及情感的行为规范和精神意识等，可以说是一种交往行为的内在要求和伦理原则，是礼貌、礼节的综合体现。

一般而言，礼貌是指人们在交往时表现出来的合乎礼仪规范和要求的外貌神态、言行举止以及气度、形象和风范，它是礼的重要表现。礼貌具有历史的继承性和发展性，因民族、性别、长幼差别而异。礼貌可以分为礼貌行动和礼貌语言两个部分。礼貌行动是一种无声的语言，如微笑、点头、握手、鼓掌等。礼貌语言是一种有声的行动，如使用"您""请""欢迎光临"等敬语。人们在交往中讲礼貌有助于建立相互尊重、友好合作的关系，有助于调节公共场所的人际关系，也有助于缓解矛盾、避免冲突。

礼节，通常是指人们在交往过程中表现出来的符合礼的要求的各种行为规则及惯用形式，是对待他人态度的外在表现和行为规则的总和。它包括待人接物的方式、招呼和致意的形式、公共场合的举止风度、各种重大社交活动的规范程序等。礼节是礼貌的具体表现，礼貌是礼节的规范。从形式上看，礼节常常表现为约定俗成或严格规定的程序仪式，它具有严格的规范性，如待人接物的规则和方式，与人交往的言谈、举止、风度和衣着，上下老少之间的礼遇等；从内容上看，它反映了一定的道德原则和规范的要求，反映了人们对自己、对他人和社会共同的尊重、敬意和友善。

礼节是人的美好的心灵的外化，遵守它，可以增进人际关系与促进社会和谐；违反它，会造成人际关系的冷漠与社会的失调。礼节具有历史性、地域性、民族性，不同时代、不同地区、不同民族、不同阶级的人，他们日常生活中的礼节也会有不少差异。

（二）仪

仪，本意指树立的木柱，引申为容貌、外表，亦指表率、标准、规则。这里的仪，表现为一种适应相互交往，并为交往所规定的行为方式及秩序。它包含了仪容、仪表、仪态和仪式等多种意思。

仪容、仪表均指人的外表，只不过仪容更侧重姿容和外表，仪表更注重服饰、装扮和风度，它们都表现了人们的精神风貌和文明程度。

仪态主要是指人的姿态，包括身体各部位，特别是头、眼、脸、手、臂、足等的动作所表达的意义。

仪式是礼的程序形式，即为表示敬意或表示隆重而在一定场合举行的具有专门程序的规范化的活动，如开业剪彩及合同的签字仪式等。

综上所述，礼仪是对"礼"和"仪"的统称，是指人们在交往中形成的为大家所认同和遵守的表达相互敬重、友善并以建立和谐关系为目的的行为准则、程序、形式的总和。"礼"是礼貌、礼节，"仪"是仪容、仪表、仪态和仪式，两者结合起来，即是礼仪。

礼仪是人类为维系社会正常生活而共同遵循的基本的道德行为规范。它属于道德体系中社会公德的内容，是人们在长期的共同生活和交往过程中逐渐形成的，并以风俗、习惯和传统等形式固定下来。它既是约定俗成的行为习惯，又是一种具有内在道德理性和道德情感的伦理精神和价值观念。

二、礼仪的特征

礼仪的特征主要表现在规范性、限定性、可操作性、传承性、变动性等方面。

（一）规范性

规范性指礼仪是人们在各种交际场合待人接物时必须遵守的行为规范，是礼节的化身。这种规范性和程式性，不仅约束着人们在一切交际场合的言谈话语、行为举止，使之合乎礼仪，而且也是人们在一切交际场合必须采用的一种"通用语言"，是衡量他人、判断自己是否自律、敬人的一种尺度。孔子强调"非礼勿视，非礼勿听，非礼勿言，非礼勿动"就强调了礼仪的这一特性。因此，任何人要想在交际场合表现得合乎礼仪、彬彬有礼，都必须对礼仪无条件地加以遵守。

（二）限定性

限定性指礼仪适用于普通情况之下的、一般的人际交往与应酬，在这个特定范围之内，礼仪肯定行之有效，离开了这个特定的范围，礼仪则未必适用。理解了这一特点，就不会把礼仪当成放之四海而皆准的东西，就不会在非交际场合用礼仪以不变应万变。必须明确，当所处场合不同，所具有的身份不同时，所要应用的礼仪往往也会各有不同，有时甚至还会差异很大。在讲求礼仪的过程中应该重视这一点。

（三）可操作性

切实有效，实用可行，规则简明，易学易会，便于操作，是礼仪的一大特征。它不是纸上谈兵、空洞无物、不着边际、故弄玄虚、夸夸其谈，而是既有总体上的礼仪原则、礼仪规范，又在具体的细节上有一系列方式、方法。这种特性方便人们仔细周详地对礼仪原则、礼仪规范加以贯彻，把它们落到实处，使之"言之有物""行之有礼"。

（四）传承性

礼仪是人类在长期的交际活动实践中形成、发展、完善起来的，不可能凭空杜撰、一蹴而就、完全脱离特定的历史背景，这决定了礼仪具有历史传承性。作为一种人类的文明积累，礼仪将人们在交际应酬中的习惯做法固定下来，流传下去，逐渐形成并具有各自的民族特色。任何国家的礼仪都具有自己鲜明的民族特色，任何国家的当代礼仪都是在古代礼仪的基础上继承、发展起来的。没有对本国、本民族既往礼仪成果的传承、扬弃，就不可能形成当代礼仪。例如，中国人重视春节，以放鞭炮、贴对联来辞旧迎新，而西方却看重圣诞节，也有自己的节庆礼仪；中国人含蓄，而西方人直率等。我们既要认识到不同民族礼仪之间的差异，更要尊重这种差异，入乡随俗。

（五）变动性

尽管礼仪具有历史继承性与民族继承性，不过人们应当注意，随着社会的发展和进步，众多社交活动中出现了许多新特点、新问题。礼仪要有所变化，有所进步，推陈出新，与时代同步，以适应新形势下新的要求。这又决定了礼仪的形式与内容是在不断发展和变化的。由此可见，礼仪不是一种短暂的社会现象，也不会因为社会制度的更迭而消失。了解了礼仪的变动性特点，就不会把它当作一成不变的东西，而能够更好地以发展、变化的眼光去对待它。对流传至今的礼仪遗产，正确的态度应当是有扬弃，有继承，更有发展。

三、礼仪的原则

人们要学习和应用礼仪，有必要先掌握一些具有普遍性、共同性、指导性的礼仪规律。这些礼仪规律也就是礼仪的原则。掌握这些原则，将有助于更好地学习礼仪、运用礼仪。一般认为，学习礼仪、运用礼仪应当遵循以下八个方面的原则，即遵守原则、自律原则、敬人原则、宽容原则、平等原则、从俗原则、真诚原则、适度原则。

（一）遵守原则

在交际应酬中，每一位参与者都必须自觉、自愿地遵守礼仪，用礼仪规范自己在交际活动中的一言一行、一举一动。对礼仪，不仅要学习、了解，更要实践，"绝知此事要躬行"。任何人，不论身份高低、职位大小、财富多寡，都有自觉遵守、应用礼仪的责任和义务。否则，行为就容易受到公众的指摘，交际活动也难以获得理想的效果。

（二）自律原则

"严于律己，出而见之事功；心乎爱民，动必关天治道"，一个人如何进行自我要求，是礼仪的基础和出发点。学习礼仪、应用礼仪，最重要的就是要自我要求、自我约束、自我控制、自我对照、自我反省、自我检点，这就是所谓的自律原则。

古语云："己所不欲，勿施于人。"若是没有对自己的首先要求，人前人后不一样，只要求别人，不要求自己，不讲慎独与克己，遵守礼仪就无从谈起，就是一种蒙骗他人的大话、假话、空话。

（三）敬人原则

孔子对礼仪的核心思想有过高度的概括，他说："礼者，敬人也。"所谓敬人原则，就是要求人们在交际活动中，与交往对象既要互谦互让、互尊互敬、友好相待、和睦共处，更要将对交往对象的重视、恭敬、友好放在第一位。敬人之心常存，处处不可失敬于人，不可伤害他人的尊严，更不能侮辱对方的人格。掌握了这一点，就等于掌握了礼仪的灵魂。

（四）宽容原则

"己欲立而立人，己欲达而达人"，宽容原则的基本含义，就是要求人们在交际活动中运用礼仪时既要严于律己，更要宽以待人。要多容忍他人，多体谅他人，多理解他人，千万不要求全责备，斤斤计较，过分苛求。在人际交往中，要容许他人有个人行动和进行自我判断的自由。对不同于己、不同于众的行为耐心容忍，不必要求其他人处处效法自身，与自己完全保持一致，这实际上也是尊重对方的一个主要表现。

（五）平等原则

平等是礼仪的核心，即尊重交往对象，以礼相待，对任何交往对象都必须一视同仁，给予同等程度的礼遇，其核心问题是尊重以及满足相互之间获得尊重的需求。在具体运用礼仪时，允许因人而异，根据不同的交往对象，采取不同的具体方法。然而，必须强调指出：在尊重交往对象、以礼相待这一点上，对任何交往对象都必须一视同仁，给予同等程度的礼遇，不允许因为交往对象彼此之间在年龄、性别、种族、文化、职业、身份、地位、财富以及与自己的关系亲疏远近等方面有所不同，就厚此薄彼，区别对待，给予不同待遇。

孟子欲休妻

孟子妻独居，踞。孟子入户视之，谓其母曰："妇无礼，请去之。"母曰："何也？"曰："踞。"其母曰："何知之？"孟子曰："我亲见之。"母曰："乃汝无礼也，非妇无礼。《礼》不云乎：'将入门，问孰存；将上堂，声必扬；将入户，视必下。'不掩人不备也。今汝往燕私之处，入户不有声，令人踞而视之，是汝无礼也，非妇无礼也。"于是孟子自责，不敢去妇。（《韩诗外传》卷九）

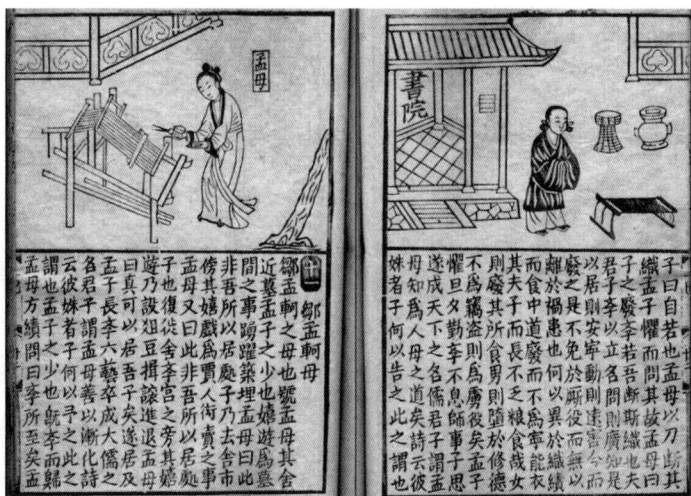

图 1-1 (汉) 刘向《古列女传》(元建安余氏刊本) 书影

孟子既娶，将入私室，其妇袒而在内。孟子不悦，遂去不入。妇辞孟母而求去，曰："妾闻夫妇之道，私室不与焉。今者妾窃堕在室，而夫子见妾，勃然不悦，是客妾也。妇人之义，盖不客宿，请归父母。"于是孟母召孟子而谓之曰："夫礼，将入门，问孰存，所以致敬也；将上堂，声必扬，所以戒人也；将入户，视必下，恐见人过也。今子不察于礼，而责礼于人，不亦远乎？"孟子谢，遂留其妇。君子谓孟母知礼，而明于姑母之道。(《列女传·邹孟轲母》)

思考：通过以上两个故事，怎样理解"礼"的平等原则？

(六) 从俗原则

由于国情、民族、文化背景的不同，在人际交往中，实际上存在着"十里不同风，百里不同俗"的情况。从俗就是指交往各方都应尊重相互之间的风俗、习惯，了解并尊重各自的禁忌。与人交往时，不要自高自大，唯我独尊，简单否定其他人不同于己的做法。必要之时，应当坚持入乡随俗，与绝大多数人的习惯做法保持一致，切勿目中无人，自以为是，随意批评、否定其他人的习惯性做法。

(七) 真诚原则

礼仪上所讲的真诚原则，就是要求在人际交往中运用礼仪时，务必待人以诚，言行一致，表里如一，不虚伪，不做作。交际活动作为人与人之间信息传递、情感交流、思想沟通的过程，如果缺乏真诚则不可能达到目的，更无法保证交际效果。只有诚实守信，自己在运用礼仪时表达对交往对象的尊敬与友好，才会更好地被对方理解和接受。与此相反，倘若仅把运用礼仪作为一种道具和伪装，具体操作礼仪规范时口是心非、言行不一、表里不一，或是当时一个样，事后一个样，有求于人时一个样，被人所求时另外一个样，则有悖于礼仪的基本宗旨。

捡一片纸屑找一份工作

有一位年轻人到一家大公司应聘，等到了公司的时候，他发现门口等着许多面试的人，这些人看起来踌躇满志，其中一些人非常有经验，他顿时感到了巨大的压力。

当轮到这个年轻人的时候，他走进面试的办公室，看到了门口地上有一张小纸片，出于习惯，年轻人弯腰捡起纸片并且把它扔进了垃圾桶，然后坐到位子上开始面试。结果，在众多的应聘者中，这位年轻人战胜了其他条件优于他的人，成了这家公司的正式员工。

公司董事长在给他分配任务时说："其实那门口的纸屑是我们故意放的，那是对所有应聘者的一个考验，但只有你通过了。只有善于从小事做起的人才能干好大事，那些连小事都做不好的人不可能做好大事。"

这位年轻人后来果然取得了非凡的成就，他的名字叫亨利·福特——福特汽车公司的创始人，美国汽车大王。

（丁时照：《财智英雄：世界 500 强的创业传奇》，19 页，深圳，深圳报业集团出版社，2006）

（八）适度原则

所谓适度原则，是要求应用礼仪时，为了保证取得成效，必须注意技巧，合乎规范，特别要注意做到把握分寸，认真得体。这是因为凡事过犹不及，运用礼仪时，假如做得过了头，或者做得不到位，都不能正确地表达自己的自律、敬人之意。当然，礼仪运用要真正做到恰到好处、恰如其分，只有勤学多练，积极实践，别无他法。

第二节　秘书与礼仪

"文秘工作人员"或"文秘人员"是对"秘书"和"文书"并从事文秘工作的人的统称。

　　文秘人员的出现是人类社会发展到一定历史阶段的产物。原始社会后期，随着社会生产力的发展、文字的出现和国家的产生，产生了最早的公务文书——那些刻在龟甲和兽骨上记录王室活动的"甲骨文书"。专门负责记录王室活动的人就是"史官"。"甲骨文书"和"史官"的出现标志着文秘活动在国家和社会管理中的基本职能已经确立。随着国家事务的日趋频繁，文秘活动不再局限于文字的记载和处理，重心逐渐转移到辅佐君王、出谋划策、参政议政，文秘人员的地位越来越重要。进入现代社会，文秘工作更是出现了多种类别和层次的划分。

　　按服务对象和经济来源划分，有公职文秘人员和私人文秘人员之别。前者泛指为各级机关、企事业单位、社会团体服务，由组织和人事部门选调，从国家或集体领取薪酬，编制属机关、单位的国家工作人员；后者指为民办集体企业、农民专业户、个体户以及外资企业等服务，由它们聘请并支付薪酬，不属于国家编制的个人。

　　按所属部门划分，可分为党务、行政、军事、司法、经济和文化等方面的文秘人员，其中又可细分为若干小类。如在经济部门，可分为工业、农业、商业等部门的文秘人员；在文化部门，可分为教育、卫生、体育、宣传、文艺、科研等部门的文秘人员。

　　按具体工作划分则有文字文秘人员、机要文秘人员、通信文秘人员、信访文秘人员、事务文秘人员、翻译文秘人员等。

　　文秘礼仪是文秘人员的礼仪规范，其交际礼仪是文秘人员对内对外交往的程序、方式以及实施交往行为时的规范，包括语言、仪容、仪态、风度等诸多方面；它使礼仪活动增添了新的内涵，也使文秘人员的素质和修养更趋完善。文秘人员作为领导的直接辅助者，经常要协助领导接待各方面的来客，工作在经常直接与社会广泛接触的外向型岗位上。公关活动中文秘人员能否遵循文秘礼仪活动规范，真正做到人际交接活动中"不失足于人，不失色于人，不失口于人"，即在行动上不出格，在举止上不失态，在语言上不失礼，对树立组织形象具有重要的作用。

一、文秘礼仪修养的基本知识

（一）文秘礼仪的含义和内容

1. 文秘礼仪的含义

　　文秘礼仪，指文秘在工作和社会活动中，为了塑造个人和组织的良好形象而应当遵循的对交往对象表示尊敬与友好的规范或程序，是一般礼仪在商务活动中的运用，它体现了文秘人员自身的文化素养、精神风貌和工作态度。

文秘礼仪是社会礼仪的重要组成部分，但它又不同于一般的人际交往礼仪，它包括文秘礼节和仪式两方面的内容。文秘礼节就是文秘在工作和社会交往中为表示尊重对方而采用的约定俗成的规范形式。仪式即按程序进行的礼节形式。

文秘礼仪涉及的范围较广，包括办公礼仪规范、接待礼仪规范、外事礼仪规范、社交礼仪规范、形象礼仪规范等，均涉及组织及个人良好形象的有效传播，因此任何一面都不能偏废。

2. 文秘自身礼仪

文秘自身的礼仪主要包括仪表的协调、仪表的色彩搭配和不同场合的仪表三个方面。所谓仪表的协调，是指一个人的仪表要与他的年龄、体型、职业和他所在的场合吻合，表现出一种和谐，这种和谐能给人以美感：要把握适度性，无论在修饰程度，还是饰品的数量和搭配技巧上，都要把握分寸，自然适度，追求雕而无痕的效果；修饰要与容貌、体型、个人气质相适宜；要保持统一性，仪表修饰应尽量与自己的身份和职业协调统一，合乎和体现自己的身份特点，表现自己的内在气质。

不同的色彩有不同的象征意义，也有不同的礼仪效果。一般认为：暖色调（红、橙、黄等）给人以温和、华贵的感觉；冷色调（紫、蓝、绿等）则使人感到凉爽、恬静、安宁、友好；中和色（白、黑、灰等）给人平和、稳重、可靠的感觉，是最常见的工作服装颜色。在选择服装外饰物的色彩时，应考虑到各种色调的协调与肤色，选择合适的着装和饰品，同时运用相近的色彩配色，遵守服饰礼仪的"三色原则"。

在仪表方面应注意场合，根据不同的场合进行着装。在喜庆场合、庄重场合及悲伤场合，要穿着不同的服装，要遵循不同的规范和风俗，还要考量文化背景。在不同的时间、地点及场所保持适宜的装扮是文秘人员不能忽视的。

3. 与领导相处礼仪

文秘人员与领导属于上下级关系，这一关系决定了上下级之间必须遵守一定的礼仪行为规范和准则，即领导必须在原则上和行为方式上领导文秘工作人员，并对其一切工作负有指导之责；文秘人员应服从上级的领导，并把上级的意图变为具体行为。文秘人员在具体工作中，需要注意以下几点。

一是要了解领导。与人相处，贵在相知。人与人之间如果多点了解，就会少一些误会。与领导相处，更是如此。秘书经常在领导身边工作，要了解他的工作作风、习惯、爱好等，这样就会减少许多不必要的麻烦。

二是要尊重领导。人际关系学家告诉我们，即使对最友好、最亲近的人，也不要忘记应有的礼仪。单位的领导，一般具有较高的威望、资历和能力，有很强的自尊心。作为下属，应当维护领导的威望和自尊。在领导面前，应有谦虚的态度，不能顶撞领导，在公开场合尤应注意，即使与领导的意见相左，也应在私下向领导说明。

三是在工作中要配合领导。领导想不到的你能帮他想到，领导想到的你已经做到了。一个称职的秘书还应该多向上司提出创造性的意见。

四是接受指示的礼仪。领导对下属指示工作时，大都希望受到尊重，马上听到"是""好的""我马上来"等类似的话。听完指示后，要问明工作完成的最后期限，如果领导时间充裕，态度从容，可以请领导再复述一遍不明确的地方。要学会运用良好的沟通技巧，解决指示中的疑问。

五是听取领导的批评。对领导的批评，要正确对待，认真听取，在听取批评的过程中一定要平心静气，注意礼节。

4. 文秘接待礼仪

对文秘人员而言，接待工作是不容忽略的日常性工作之一。不论是接待远道而来的贵宾，还是接待来访的群众，文秘人员在具体的接待工作里既要有所区分，又要一视同仁。在任何时刻，对对方的重视、友好与热情，是不可缺少的。做好来宾的工作，关键是安排好接待计划、礼宾次序、迎送陪同三个方面。

首先是接待计划。接待计划包括接待方针、接待日程、接待规格、接待人员、接待费用、饮食住宿、旅游观光、交通工具、安保宣传等。制订尽可能完善的接待计划，有助于接待工作按部就班，顺利进行。

其次是礼宾次序。它指的是在同一时间或同一地点接待来自不同国家、不同地区、不同团体、不同单位、不同部门、不同身份的多方来宾时，接待方按照约定俗成的方式，对其顺序或次位进行的排列。

最后是迎送陪同。接待正式来访的重要客人，有时可酌情为其安排迎接、送别活动，以示对对方的重视和礼遇。迎送时要注意限制迎送的规模和明确时间和地点。在客人陪同方面，要注意照顾客人，尽可能为客人提供方便，坚守岗位，做到随叫随到。

5. 社交礼仪

人与人之间的思想交换、行为交往、语言交流、感情交融，可以统称为人际交往。它是人们在社会生活和工作中形成的一种相互联系、相互作用、相互影响的关系。由于文秘人员自身的地位、作用和工作性质的特殊性，其人际关系除了具有社会生活中通常的人际关系的一般特征外，还具有对象广泛性、职责从属性、处事复杂性等特点。

文秘人员的人际交往是面向社会的，具有事务性、开放性、多层次、全方位等特点，这就要求文秘人员在履行自己的职责时，必须同社会的各色人等打交道；文秘人员的社会交往不像常人那样具有浓厚的主观选择色彩，即按照个人意志、情感、利害关系行事，而是由工作职责所支配，在很大程度上是从属于服务对象的；文秘人员有自己的处世态度和看法，也有自己个性的解决问题的方式，但文秘人员的职能工作是受领导支配和为领导服务的，这就意味着不能凭自己的感情说话，一切以领导意图和组织发展为目标。

总体而言，在面对广泛的服务对象、从属的职业属性、复杂的应对关系时，文秘人员社交礼仪的总原则——真诚待人，与人为善——是不变的。文秘人员社交礼仪中应把握好五个"度"：社交礼仪交往要注重态度，社交礼仪交往要拓展广度，社交礼仪交往要把握向度，社交礼仪际交往要恪守信度，社交礼仪交往要讲究大度。组织形象是社会公众对某一组织的总体评价和综合印象。就企业而言，随着经济全球化趋势的不断加强和我国社会主义市场经济建设的不断深入，在风险和机遇并存的挑战面前，调动一切积极因素，利用一切有效手段，提高组织的知名度和美誉度，从而建立良好的品牌信誉，树立良好的企业形象，是每个企业都必须重视的重要问题。文秘人员要充分利用自己的独特身份，在塑造组织形象的过程中发挥独特作用，让社会公众通过秘书对组织产生好感。

（二）文秘礼仪的特点

1. 继承性

现代文秘人员的很多礼仪活动是沿袭了古代的某些习俗并使其规范化而来的。例如：坐在主人右侧的位子，意味着被尊重，因为古人"以右为尊"。再如，我们通常打开门后站在一边，让年长者或领导者先走，这里面的原因之一是出于中世纪的一种习俗，人们常让强有力的人排在队首离开城堡。渐渐地，这种特别荣誉就给予了尊贵者。

2. 时代性

礼仪的时代性表现在其时代变异性，它随着社会的进步而不断发展、丰富和完善。不同时期的礼仪具有不同的时代特点，礼仪总是体现着时代要求和时代精神，因而会随着时代发展而产生差异。因此，文秘人员应该关注文秘礼仪的变化，不要以为礼仪是一成不变的，可以完全照搬，应该在实践中多观察、多学习，力求适应礼仪的变化。世界各国都很重视礼仪改革，现代礼仪发展变化的趋势是使礼仪活动更加文明、简洁和实用。

3. 等级性

文秘礼仪的等级性表现在对不同身份、地位的人士礼宾待遇的不同。在社会生活中，人们往往用长幼之分、男女之别规范每个人的受尊重程度。在官方交往中，则要确定官方礼宾次序。确定官方礼宾次序的主要依据是担任公职或社会地位的高低。这种礼宾次序带有某种强制性，不同的人会得到不同的礼宾待遇，但这并不意味着尊卑贵贱，而是现代社会正常交往秩序的表现，反映了各种人员的社会身份和角色规范。

4. 差异性

文秘礼仪作为一种约定俗成的行为规范，其运用要受到时间、地点和环境的约束，同一礼仪会因时间、地点或对象的变化而有所不同。这就是礼仪的差异性。礼仪的差异性首先表现为民族差异性，不同民族的礼仪多姿多彩，各具特色。各民族的习俗礼仪都凝结着本民族本地区人民的文化情结，比如同是见面礼，不同的民族有不同的表现形式。礼仪的差异性还表现为个性差异，每个人因其地位、性格、资质等因素的不同，在使用同样的礼仪时会表现出不同的形式和特点。比如，出席招待会时，男士和女士会表现出不同的风格。

5. 世界性

文秘人员对外交往中体现的礼仪，要符合有关国家的风俗习惯，体现出其世界性的一面，与特定国家礼仪接轨。世界性的另外一种含义是指随着改革开放的深入，社会主义市场经济与世界经济接轨，礼仪习俗也不断吸收国外的有益成分。同时，我国优秀的礼仪传统也更广泛地流传到世界各国。如此一来，礼仪在世界范围内日益趋同。例如：不管哪个国家的文秘人员都应该讲究风度、仪表和衣着，不必时髦华丽，但也不能过于朴素而显得寒酸，要以整洁高雅、能适应不同的环境为宜。

（三）文秘礼仪的基本理念

礼仪并不仅仅是言谈和举止，从根本上说，它是一个人内在素养的外在表现。真正受人称道的礼仪是由内而外的，心里有"礼"，举止才能合"仪"。因此，提高礼仪修养，首先要树立正确的理念。

1. 尊重为本

不论是学习还是运用文秘礼仪，关键是要懂得尊重为本，尊重在先，时时处事事尊重所有的人。要尊重别人，首先要尊重自己，必须严于律己，自尊自爱。如果一个人对自己都不尊重，就不可能尊重别人。尊重自己的交往对象应当是一种自觉的、由衷的行为，包含着自己的德才学识和气度雅量，绝不是装出来的。对文秘人员而言，尊重上级意味着服从，尊重同事是一种本分，尊重下级是一种美德，尊重所有人是一种教养。

2. 善于表达

只在心里尊重别人是不够的，还得善于表达。不仅要有"礼"，还要有"仪"。"仪"就是恰到好处地向别人表示尊重的形式。必要的表达形式不可或缺，没有具体的表达形式，你的尊重就无法让别人感知。比如说，我们在接待来访者时，如果不使用规范化的待客"三声"，即"来有迎声""问有答声""去有送声"，就会使客人感觉不到被尊重。即使你在心里是尊重对方的，但人家感受到的却可能是你的冷漠。

3. 形式规范

除了尊重为本、善于表达之外，还必须讲究形式规范。讲究形式规范，就是要以标准化的、规范化的具体形式表现自己对他人的尊重。讲究形式规范，就是要求文秘人员不仅要有尊重别人的愿望，有表达礼仪的行为，还要求这种行为准确规范，也就是有规矩。讲不讲待人接物的规矩，既能反映文秘人员自身素质的高低，又可以体现一个单位的管理是否完善。

二、文秘礼仪的功能和作用

现代文秘工作，是一种以领导为主要服务对象，以发挥参谋、助手作用为主要服务形式，以处理信息为主要服务或工作内容的服务性职业。文秘人员作为领导的辅助者，必须完成这种有助于领导管理和决策的工作与事务。

依据公共关系学原理，文秘人员交际过程实际上是一个组织与公众、组织与组织之间交流信息的过程。这种信息交流很大程度上是依靠文秘人员与公共关系人员的直接参与而进行的。传播效率首先是通过公众对公共关系信息的注意表现出来的。人的外在形象（包括静态与动态）对人的感官刺激是客现存在的，并能够让人们凭借自己的直觉判断对方是否值得信任。由此可见，文秘人员的外在形象以及文秘人员在活动中的礼仪在整个交际过程中传递着重要的信息，有的对己有利，有的对己不利。文秘人员的语音、语调、神态、体态等伴随着主体信息传播，并对交际效果有重要的影响。

（一）文秘礼仪的功能

1. 形象塑造

文秘礼仪的基本目的是树立和塑造良好的个人和组织形象。所谓形象就是个人或组织在公众观念中的反映和评价。作为文秘人员，应该从我做起，在每一件小事上注重礼仪修养，做到"内慧外秀"，这样才能树立良好的个人形象。同时，从事商务活动的人员，必须文明经商，树立良好的企业形象，广泛赢得客户的信任，促进信用的提高。

2. 信息沟通

信息沟通要求文秘人员做好综合信息的工作，有能力把握单个信息在整体信息中的地位和作用。当更多的信息通过各个系统被逐渐汇集之后，要能从这些大量的信息中准确判断哪些是重要的，哪些是紧急的，哪些虽然是紧急的但并不是重要的，以决定选择与其相适应的向领导传递的方式。

文秘人员应充当各信息系统之间的枢纽，有效地加强各个系统之间的联系，发挥网络效应。协调各系统的工作，是现代文秘信息服务中一项重要的工作内容。文秘人员必须对本单位以及社会各信息系统有一个整体的把握。一旦明确了领导决策所需要的信息，就能敏锐地想到以下问题：该信息由哪个系统运作更快捷，各个系统可以从哪些不同的角度快速索取信息，它们各自能承担的任务是什么等。这时，文秘人员既可以建议领导统一安排，又可以经授权由文秘部门或文秘人员承担信息管理的统筹工作。这种有效地运用组织、利用文秘职位的特点，做好信息协调的工作方式，既可以避免领导"需要的信息上不来"的情况，又能避免各信息系统抱怨"领导需要什么信息搞不清"的现象，使对领导决策的信息服务进入良性循环。

在信息化日益发展的今天，信息社会为文秘人员提供了一个新的资源：网络资源。网络资源是随着办公环境的网络化产生的。网络将一个单位内部的所有办公室连接起来，然后连接一个城市的众多的办公室。文秘工作岗位就像一个枢纽，信息的上传下达通过秘书来实施。

信息沟通是文秘人员必备的基本能力，无论是日常信息沟通能力还是网络的信息沟通能力，都是文秘人员做好文秘工作的必要条件，更是文秘礼仪在文秘工作中具体而生动的表现。

3. 人际协调

文秘人员作为主管领导与一般职工之间的中介和桥梁，应努力维护上下级之间与同事之间的团结。文秘人员在传达领导不太利于职工的指令时，应注意维护领导的威信与形象；同样，在向上反映不太有利于职工的情况时，既不能隐瞒、掩饰，又要尽力维护职工的利益。尽量采取对事不对人的态度，使职工的缺点错误既得以纠正，使之获得必要教训，又不至于受到伤害。对职工间的矛盾，也应尽己所能加以协调、缓和。

在文秘活动和工作中，难免会发生沟通不畅的事情，有时客户还可能因此而不高兴。如果处理不当，不仅客户对文秘人员的印象不佳，而且还会影响企业的形象。文秘礼仪能化解矛盾，消除分歧，促进相互理解，达成谅解，协调人际关系，使之趋于和谐，从而妥善地解决商务纠纷。

(二) 文秘礼仪的作用

孔子说："不学礼，无以立""博学于文，约之以礼"。礼仪对人有较强的约束力。文秘礼仪不仅是文秘工作取得成功的重要手段，而且已逐渐渗透到社会经济生活的各个方面，对构建和谐文明的社会环境起着重大的作用。

1. 有助于提高个人职业素养

礼仪是成功者的潜在资本。市场竞争最终是人员素质的竞争。文秘人员的素质就是文秘人员个人修养和个人能力的表现。教养体现于细节，细节展示素质。学礼仪、讲礼仪，能使人树立正确的价值观，自觉调整站位，跳出自我的小圈子；以他人为先，以社会为上，从国家和社会的大局考虑问题；以"先天下之忧而忧，后天下之乐而乐"的高尚情怀净化灵魂；以"己所不欲，勿施于人"的恭敬谦让精神规范自己的言行举止，从而使自己的思想素质提升到一个新的层次。

2. 有助于塑造良好的公众形象

公众形象是十分重要的，它是通过礼仪传递的，并且直接影响着交往双方能否融洽相处以及交际的成败。不仅如此，一个个体或一个单位，想要扩大知名度、提升美誉度就要在社会公众面前树立最佳形象，而提高面对社会公众的文秘礼仪形象是获得成功的有效途径。现代市场竞争除了产品竞争外，更体现在形象竞争。一个具有良好信誉和形象的公司或企业，更容易获得社会公众的信任和支持，可在激烈的竞争中处于不败之地。文秘人员时刻注重礼仪，既体现了个人和组织良好的素质，也是树立和巩固良好企业形象的需要。

3. 有利于传递信息，展示价值

良好的礼仪可以更好地向对方展示自己的长处和优势，它往往决定了机会能否降临。比如，在公司，你的服饰适当与否可能会影响你的晋升和与同事的关系；带客户出去吃饭时你的举止得体与否也许就决定了交易的成败；在办公室不雅的言行或许会使你失去一次参加老板家庭宴请的机会……因为礼仪传递了一种信息，通过这个媒介人们表达出尊敬、友善、真诚的感情，所以在商务活动中，恰当的礼仪可以获得对方的好感和信任，进而推动事业的发展。

三、提高文秘礼仪修养的方法和途径

文秘人员应具备的基本素质包括思想素质、道德素质、工作作风三个层面。思想素质主要体现在政治立场、理论修养、法制素养、政策素养等方面；而道德修养则集中体现为干好本职工作的热情、默默无闻的奉献精神、敢于坚持的勇气、廉洁奉公的优良品质、守口如瓶的保密观念等；工作作风主要表现为雷厉风行、深入细致、注重实效、谦虚谨慎、平易近人等。

文秘人员应具备的智能结构则包括知识结构、能力结构、心理结构三个层面：知识结构要求具备扎实的基础知识、系统的专业知识和必要的辅助知识；能力结构则体现为办事能力（理解和领会能力、分析能力、应变能力）、交际能力、表达能力和操作能力；心理结构表现在兴趣、情感、意志（自觉性、坚韧性、自制性）、气质和性格等方面。

礼仪修养是文秘人员综合素质的组成部分，它不但直接影响文秘工作的效率，也关系到文秘人员以及所属企业的形象。文秘人员要提高自身的礼仪修养，需要加深对礼仪的认识，加强对礼仪及其相关知识的学习，重视言行小节，养成良好的习惯。

（一）加强道德修养

道德，也称品德或德行，它是社会道德现象在个人身上的具体体现，是指一定的社会的道德原则和规范在个人思想行动中所表现出的某种比较稳定的特征和倾向。道德受制于道德规范，道德规范具有特殊的地位和作用，它是从社会生活中概括提炼出来的一种自觉的社会意识形态，它是依靠社会舆论、传统习惯和个人的内心信念维持的。

社交礼仪反映了人们在共同生活和彼此交往中最一般的道德关系，是保证交往活动顺利进行和社会生活正常秩序的重要因素。道德品质和礼仪行为有着密切的联系，二者是相辅相成的。礼仪要求人们在交往的过程中，互相尊重、诚恳和善、待人和气、仪表端庄，而这些都源于良好的道德品质。古人常言"德诚于中，礼形于外"，即思想道德修养蕴蓄于中，礼仪修养形之于外。人际交往中，礼节、礼貌、礼仪表现于外，交往对象可视读、感知和体悟蕴含其中的情感襟怀。人的礼节、礼貌、礼仪是受人的思想道德水平支配的，蕴蓄于中的思想道德是礼貌、礼节、礼仪的基础和内驱力。

礼仪行为从广义上说是一种道德行为，处处渗透和体现着一种道德精神。一个人要想在礼仪方面达到较高的造诣，离开了道德品质方面的修养是不可能的；一个人要想形成高尚的道德品质，就应该从日常礼仪规范这一基础的层次做起。

（二）提高文化素质

众所周知，文化知识对人的精神气质的陶冶作用是潜移默化的，也是根深蒂固的。孔子说："质胜文则野，文胜质则史。文质彬彬，然后君子。"意思是说，德行质朴如果没有文化知识的陶冶，就会显得野蛮；相反，如果过分追求文采，则会流于浮华；只有朴实和文采相得益彰才能达到文质彬彬的境界。没有很好的文化修养，礼仪就成了无源之水。礼仪学是一门综合性学科，它和公共关系学、传播学、美学、民俗学、社会学等许多学科都有密切关系。一个文秘人员只有具备广博的文化知识，才能深刻理解礼仪的原则和规范；只有具备较高的文化层次，才能更加自如地在不同场合具体运用礼仪。周恩来被誉为"礼仪外交官"，这与他的学识是分不开的。一个言谈举止高雅的人，必定有很高的文化修养。相反，没有文化素质的人是装不出得体的礼仪修养的。例如，电影《窈窕淑女》中，两个绅士妄想把一个卖花姑娘包装成淑女，可是仅靠外在的包装没有内在涵养，卖花姑娘闹出了许多笑话。丰富的科学文化知识是人际交往取得成功的一个基础，有了各种知识，才能使自己懂礼貌、讲礼节，才能思考问题周到详尽，处理问题得体妥当，也才能在当今社会中与形形色色的人进行广泛交流。

要提高自己的礼仪修养，必须有意识地广泛涉猎多种科学文化知识，不断学习，使自己具备综合知识素养，提高文学、艺术欣赏能力，提高审美能力。这样，就会有意无意地按照美的规律认识生活和改造周围的环境，同时，在文秘工作中，自己的言行也会更具美感。

（三）自觉学习礼仪知识，接受礼貌教育

我国各个历史阶段都有浩繁的有关礼仪的知识，我国各个民族的礼节习俗也各

不相同。因此，自觉学习各地区和各民族的礼仪知识，可以避免在文秘工作中遇到礼仪问题时不知所措，甚至失礼于人，发生令人尴尬、不愉快的事情。

尊重国际礼仪和交际礼仪，尊重各国人民的风俗习惯，是我国对外活动中的一贯做法。它反映了我国维护世界和平、加强国际友好合作的真诚愿望。世界各国的礼仪风俗千种万类，在涉外文秘工作中，如对其他国家或某一具体活动的礼仪知识不了解，只凭经验办事，轻则闹笑话，重则影响工作效果，甚至造成误解。另外，学习国际礼仪知识，要求我们既要继承和发扬我国的优良传统，保持礼节和礼仪的民族特色，又要吸收外国礼仪中一些好的东西和一系列国际通行惯例，为我所用；既要不断创新，又要尊重各国不同的文化传统和风俗习惯。

作为文秘人员，我们应该注意积极主动地收集、学习和领会各种文秘礼仪知识，并适时在实践中运用。久而久之，不但自己在礼仪知识方面会变得博闻多识，而且礼仪修养的实践也能提升到新的高度。

（四）积极参加礼仪实践

提高文秘礼仪修养，学习礼仪知识是一方面，更重要的是要把礼仪规范的要求融合到实践当中，融入每个人的生活当中。实践是动机和效果由此及彼的桥梁。对秘书礼仪知识的学习，仅仅停留在从理论上弄清礼仪的含义和内容，而不在实践中运用是远远不够的。在提高礼仪修养时，要以积极的态度，坚持理论联系实际，将自己学到的礼仪知识积极运用于文秘工作实践的各个方面。积极投身到实践之中，在文明气氛较浓的环境里接受熏陶，对增强自己的文明意识、培养礼貌的行为、涤荡各种粗俗不雅的不良习惯、提高礼仪修养水平，是大有好处的。在文秘岗位上，要时时处处自觉从大处着眼、小处着手，以礼仪的规范要求自己的言谈举止，在社交场所多听、多看、多学，通过各种人际交往的接触强化，不断提高自己的礼仪修养。

（五）养成良好的行为习惯

良好礼仪习惯的养成需要一个学习认知、实践巩固、内化养成、外显带动的过程。因为礼仪是人们交际活动中的一种行为模式。这种行为模式只有通过长期的自觉练习，变成自身一种自动的动作，形成习惯，才能在交际活动中更好地发挥作用。礼仪习惯的养成实际上是人自觉地用正确的思想战胜不正确的思想，用良好的行为习惯纠正不良行为习惯的过程。

　　我们应真正把文明礼仪规范内化为自觉行动，从一点一滴做起，从身边做起，从岗位做起，从公共场所做起，从家庭生活做起，使自己的仪容仪表、言谈举止、待人接物以及公务交往、职业活动、公共生活等方面都符合文明礼仪的要求，充分展现个人文明有礼的良好形象，形成讲究诚信礼仪的良好社会风尚。提高人们的礼仪文明意识，养成良好的礼仪行为习惯，可以促进良好社会风尚的形成，使人与人之间、人与社会之间达到高度和谐，推进整个社会精神文明程度的提高。

★课后思考和练习

　　1. 修养是第一课。

　　有一批应届毕业生22个人，实习时被导师带到北京的国家某部委实验室参观。全体学生坐在会议室里等待部长的到来，这时秘书给大家倒水，同学们表情木然地看着她忙活，其中一个还问了一句："有绿茶吗？天气太热了。"秘书回答说："抱歉，刚刚用完了。"林晖看着有点别扭，心里嘀咕："人家给你倒水你还挑三拣四。"轮到他时，他轻声说："谢谢，大热天的，辛苦了。"秘书抬头看了他一眼，虽然这是很普通的客气话，却是她今天听到的唯一一句感谢的话。

　　门开了，部长走进来和大家打招呼，不知怎么回事，大家都静悄悄的，没有一个人回应部长。林晖左右看了看，犹犹豫豫地鼓了几下掌，同学们这才稀稀落落地跟着拍手，由于掌声不齐愈发显得零乱。部长挥了挥手："欢迎同学们到这里参观。平时这些事一般都是由办公室负责接待，因为我和你们的导师是老同学，关系非常好，所以这次我亲自来给大家讲一些有关情况。我看同学们好像都没有带笔记本。这样吧，王秘书，请你去拿一些我们部里印的纪念手册，送给同学们作为纪念。"接下来，更尴尬的事情发生了，大家都坐在那里，很随意地用一只手接过部长双手递过来的手册。部长脸色越来越难看，来到林晖面前时，已经快要没有耐心了。就在这时，林晖礼貌地站起来，身体微倾，双手握住手册，恭敬地说了一声："谢谢您！"部长闻听此言，不觉眼前一亮，伸手拍了拍林晖的肩膀："你叫什么名字？"林晖照实回答，部长微笑着点了点头。早已汗颜的导师看到此景，才微微松了一口气。

　　两个月后，毕业分配表上，林晖的去向栏里赫然写着国家某部委实验室。有几位颇感不满的同学找到导师："林晖的学习成绩最多算是中等，凭什么选他而没选我们？"导师看了看这几张稚嫩的脸，笑道："是人家点名来要的。其实你们的机会是完全一样的，你们的成绩甚至比林晖还要好，但是除了学习之外，你们需要学的东西太多了，修养是第一课。"

（1）导师为什么说"修养是第一课"？

（2）学生应该怎样提高自己的修养？

（3）礼仪在个人修养中处于怎样的地位？

2. 礼仪的特征与原则有哪些？你如何理解这些特征与原则？

第二章　文秘的仪表礼仪

第一节　仪容礼仪

仪容，指一个人的容貌，包括发型、面容以及人体所有未被服饰遮盖的肌肤。仪容是构成个人仪表的基本要素。当我们第一次出现在他人面前时，能给他人留下最深刻的印象的就是我们的面容，他人对我们第一印象的优劣，也更多取决于我们的仪容。美观、清洁的仪容会带给他人美好的感受；反之，不修边幅则容易给人以邋遢、缺乏教养的不良印象。

一、男士的仪容礼仪

在职场中，男士应注意保持发型的干净整洁，头发不宜过长，应做到前不过眉，侧不过耳，后不过领（衬衫领口）；应定期修剪头发，尽量不要染发，除非是把花白的头发染黑；可以用发蜡等对头发进行定型，但不宜涂抹过多，以免给人油头粉面的感觉。

男士要注意每天清洁面部，最好剃须修面，如果想蓄须，则应经常修剪，保持卫生。在工作场合尽量避免食用有刺激性味道的食物，保持口气的清新。

搭车实验

法国心理学家曾经设计了这样一个实验：看看什么样的人最容易在公路上搭上顺风车。请求搭车的实验人员分为五种类型：一类是风度翩翩的青年科技人员，穿戴整洁，手提公文包；一类是素雅漂亮的小姐；一类是军官；一类是嘴叼香烟、穿

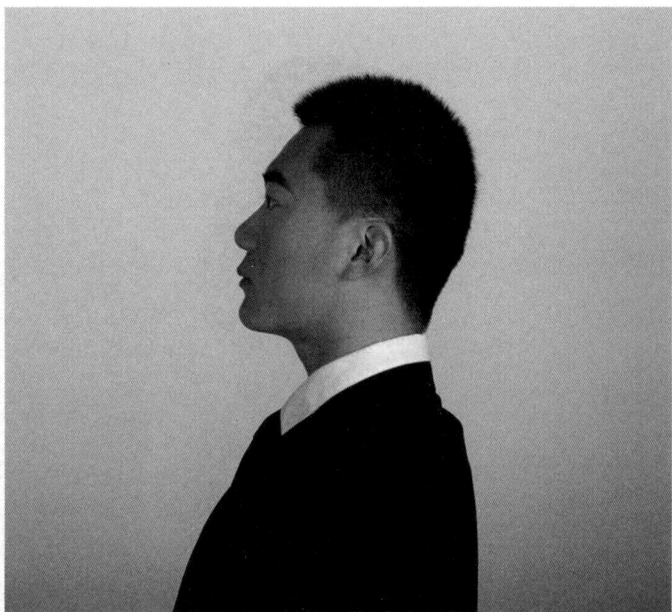

图 2-1 男士的发型

戴不洁的中年妇女；还有一类是留长发、穿戴邋遢的流浪青年。结果，青年科技人员只要一招手，汽车总是停靠，屡试不爽，成功率达 100％。在司机看来，他们是信得过的人。漂亮小姐要求搭车一般也是有求必应，因为谁不愿意和漂亮的小姐做伴呢？军官请求搭车的成功率也是比较高的，尤其是海军军官，似乎他们更受人们的青睐。中年妇女要求搭车的成功率就要低一些，但一般人对她们还是同情的，所以她们的成功率总在 60％以上。而流浪青年的成功率就大大下降了，司机想的也许是，多一事不如少一事，何必去冒险呢？

可见，在社会交往中，一个人的相貌妆容与他的社会交往效果有着密切的关系。研究者发现，50％以上的第一印象来自外表。外表是否清爽整洁、赏心悦目，是让身边的人决定你是否可信的重要条件，同样也是别人向其他人评价和描述你的首要信息。

二、女士的仪容礼仪

职场女性应特别注意自己的发型，头发的长度不宜过肩，否则应该扎起或盘好。头发的颜色以不染为佳，除非是把花白的头发染黑。女士的发型应美观大方，不宜太过复杂。如果要佩戴发饰，请选择款式庄重、颜色沉稳、做工精致的式样。

图 2-2　女士头发的长度不宜过肩

在职场中，女士一定要化妆，正式场合不化妆会被视为不礼貌的行为。女士化妆的时候要注意一定的技巧，不宜过浓，用色不宜过分鲜艳，应以自然淡雅为原则。化妆是非常隐私的行为，因此应尽量避免在公共场合进行。

女性在职场中可以使用香水，但需注意香调和喷洒的浓度。好的香水分为前调、中调和尾调。中调和尾调的延续时间较长。职场中应选择中调和尾调柔和淡雅的香水，不宜喷洒得过多，一般在耳后、手腕处稍微喷洒即可。香水的前调通常比较浓烈，因此最好在出门前半小时喷洒香水，以免香味过于刺鼻而影响他人。

图 2-3　喷洒香水的方法

图 2-4　喷洒香水的方法

★课后思考和练习

1. 请思考仪容礼仪的重要性。
2. 请试着选择一款适合在职场中使用的香水。

第二节　着装礼仪

　　着装指一个人的穿衣打扮，包括服装和饰品。从礼仪的角度看，着装是人基于自身的身份角色、审美品位、身材特点，根据不同的时间、场合、地点，对所穿着的服饰进行选择、搭配和组合的结果。在正式场合，优雅得体的着装能够体现一个人的魅力和风度，给人留下良好的印象，使人愿意与其深入交往。同时，正式的着装也体现出我们对他人的尊重态度。

　　一般而言，我们的着装应遵循 TOP 原则，TOP 是三个英语单词的缩写，它们分别代表时间（Time）、场合（Occasion）和地点（Place）。也就是说，得体的着装，应该与具体的时间、所处的场合和地点相协调。在正式的公务活动中，我们应穿着西装或套裙搭配皮鞋，体现我们庄重的态度；在参加晚宴、观看歌剧等场合，可以穿着礼服、礼服鞋，以此体现自己的优美风度和高雅品味；而在运动场上，可以选择宽松舒适的运动服和运动鞋，方便进行体育运动。在公务活动中穿运动装，或者在运动场合穿着礼服，都是不符合 TOP 原则的行为，前者会带给别人不庄重、不严肃的感觉，而后者则会让人感到矫饰和做作。

一条领带的故事

企业高管李明作为公司的部门经理，代表公司与一家外资企业进行业务洽谈。李明的职场能力和各方面的能力都很优秀，原本以为洽谈会进行得非常顺利，也会很成功。但是，令人意外的是，洽谈失败了。原因是这家外资企业认为对方公司缺乏合作的诚意。最后，经过多方打听才了解到原因是李明在洽谈的时候系错了领带。

在商务着装礼仪中，领带结应该是倒三角形的，位于领口下第一个纽扣上。但是李明的领带系得很松，还拖在衬衣第二个纽扣下方，衬衣根本没扣第一个纽扣。这样的职场着装小细节直接影响了他的职业形象，同时也影响了公司的整体形象。

一、男士着装礼仪

（一）公务、商务场合

1. 西装

在公务、商务场合，男士的着装应体现出庄重、严谨、典雅的特点，不应过分追求时尚和个性。一般而言，在正式的公务、商务场合，男士应该穿着整套的西装，内着衬衫，佩戴领带，并搭配皮鞋。在正式场合，男士穿着夹克衫、运动衫、毛衣、牛仔裤等休闲装，或穿着运动鞋、拖鞋、布鞋等休闲鞋，会带给他人不庄重、不重视对方的感觉，因此都是不合适的。

余光中先生的讲座

2014 年的初秋，著名诗人余光中先生赴西北大学做讲座。时值 8 月，暑热未褪，西北大学的礼堂里人头攒动，闷热异常。讲座的主持人和嘉宾都穿着短袖衬衫，而白发苍苍的余光中先生穿着笔挺的浅灰色西装，雪白的衬衫没有解开一颗纽扣，还系着深色的领带。相形之下，主持人和嘉宾的短袖衬衫就显得过于随意、不够正式了。余光中先生得体优雅的着装，展现了一位文学大家的深厚修养和良好风度，也给现场观众留下了深刻的印象。

男士西装，应以深色、单色为主，首选深蓝色、灰色、黑色，这三种颜色都能带给人庄重、严肃的感觉。要避免选择颜色过于艳丽的面料，或者太过花哨的花纹。如果选择了格纹西装，需要注意西装的工艺，好的格纹西装在格纹拼接的部分，都会采用"对格对纹"的工艺，即所有格纹拼接的地方都会对齐，避免视觉上的混乱，使西装保持庄重而典雅的风格。此外，西装的质地也很重要。西装的面料决定了西装的整体质感，应尽量选择购买纯毛面料的西装，以彰显男士高贵优雅的风度。

欢迎仪式上的夹克衫

一次，香港某大学校长赴内地某大学考察，在欢迎仪式上，双方校长均西装革履，穿得十分正式。在赠送礼品的环节中，上台赠礼的我方接待人员是一位男士，他穿着土黄色的夹克衫，腰间的皮带上挂着一串闪闪发光的钥匙，引起了在座观礼者的注意。事后，这位接待人员受到了相关领导的严厉批评。

在正式公务场合，男士应穿着西装，打领带，并穿着男士正装皮鞋。这位接待人员穿着土黄色的夹克衫，无论是款式还是颜色，都是非常不得体的，而腰间挂着钥匙，更是男士着装的禁忌之一。

男士西装上的西装扣通常有两种款式：单排扣和双排扣。单排扣西装又分为两粒扣和三粒扣。穿着单排扣西装时，最下面的那粒纽扣是不系的，即两粒扣西装只系上方的一粒，三粒扣西装要系上方的一粒或两粒。穿着双排扣西装时，应系好所有的纽扣。此外，在落座时，应解开所有的西装扣，这样可以避免西装打褶变皱，也会使人落座时感到更加轻松，但在起立时，应马上扣上纽扣。

在款式的选择上，两粒的单排扣西装更加简洁时尚，是目前男士西装的主流，双排扣西装和三粒的单排扣西装则显得较为成熟稳重。西装扣的材质也非常重要，牛角、珠贝等材质的纽扣会将西装衬托得更加有质感，塑料的西装扣则会给人以廉价的感觉。

西服袖口纽扣的故事

西服袖口上常常钉三颗小纽扣，这既可增加服饰的美感，又可防止衣服磨损。据说这是拿破仑的创意。

1796年，拿破仑率兵攻占了意大利、奥地利，并入侵埃及。这次战争胜利后，拿破仑开庆功会。检阅作战官兵时，他发现士兵的衣袖上沾着许多脏东西，很难看。经过了解，原来是士兵们行军途中翻越阿尔卑斯山时，因山上气温很低，许多士兵因此患了感冒，常常流鼻涕，战士们的手帕都擦脏了，只好用袖子当手帕。拿破仑认为这样有损军威，便与军需官们商量，决定在衣袖的上侧钉上三颗铜纽扣，阻止士兵用袖子擦鼻涕。不久，拿破仑又给士兵增发了手帕，钉在衣服袖口上的纽扣也就失去了作用，并显得多余。

后来，一个军官从这件事受到启发，认为把纽扣钉到袖口向下的一面，可以减少袖子的磨损。于是，他向拿破仑建议，将衣袖上的三颗纽扣从衣袖的上侧移至下侧。此后，法国服装设计师们又将这三颗纽扣移至西服的袖口上，这样还可以增加西服的美感。

也有人认为在西服袖口上缝三颗纽扣是普鲁士国王腓特烈大帝发明的。18世纪，普鲁士国王腓特烈大帝很注重部队的军容。一天他看见士兵们个个衣袖都很脏，便问军官们是什么原因，军官报告说，士兵们常用袖口擦脸，因而袖口很脏。于是，腓特烈大帝决定在士兵衣袖上钉上金属纽扣，用来防止士兵再用衣袖当毛巾擦脸，此举果然奏效。此后老百姓的西服衣袖上也钉上了纽扣。

男士西装一共在5处缝有口袋，特别要注意的是，并不是所有的口袋都具有放东西的实用功能，西装的口袋更多是起到装饰的作用。

西装上衣外面的左胸口袋，只可以放口袋巾。通常在一些重大的庆典活动中，男士会佩戴口袋巾（pocket square）。口袋巾是一小块正方形的织物。传统的口袋巾为纯白色，亚麻质地，我们可以把它折叠成不同的花型，放在西装左胸的口袋中，起到装饰的作用。有的男士会选择与领带花色相同的口袋巾，但这是非常不合适的。

西装上衣下摆处的两个口袋，是不可以放东西的，只起到装饰作用。如果在这两个口袋里放东西，会让西装失去笔挺的轮廓。

西装上衣内侧的胸袋，具有使用功能，可以将笔、名片夹等扁平的小物件放入其中。

图 2-5 口袋巾的叠法

西装裤的侧面口袋，可以适当地放些东西，但不宜过大过多，以免影响裤型的美观。西装裤后面的两个口袋是装饰口袋，不可以放东西。

男士西装的里面，还可以搭配西服背心。需要注意的是，只有单排扣西装，可以在里面搭配西服背心，双排扣西装则不可以。

如果是新购置的西装，左袖的袖口会缝有袖标，上面是西装的品牌标志。西装的左袖袖标相当于西装的封条，因此，穿着西装时应当把袖标拆除。

2. 衬衫

男士西装的里面，应搭配有领衬衫。在花色上，衬衫应与西装搭配协调，不要选择过于鲜艳的色彩，或者过于花哨的纹样。通常纯色的衬衫，如白色、浅蓝、浅灰等，都是男士正装的极佳选择。需要注意的是，纯黑色的衬衫，在公务、商务场合中是不够正式的，应避免穿着。如果选择了格纹衬衫，则需注意，做工精良的格纹衬衫在接缝处讲究"对格对纹"，这一点与格纹西装的制作要求是一致的。在质地上，应选择平整、挺括的材质，如纯棉等，不宜选择过薄、过透的布料。

有的男士为了御寒，会在衬衫里面穿着保暖内衣，这是不对的。衬衫是作为内衣而诞生的，按照西方的着装传统，衬衫里面是不可以穿着任何衣物的。同样，在衬衫里面穿背心也违背了着装传统。

男士如果系了领带，则应该把衬衫所有的纽扣都扣好，衬衫的下摆要扎放于西裤的裤腰内。穿好衬衫和西装后，衬衫的领子要高于西装领约1厘米；双臂自然下垂时，衬衫的袖口要露出西装袖口约1厘米。

我们通常穿着的衬衫属于美式衬衫，它的特点是版型宽松，左胸处缝制有口袋，袖口处纽扣和扣眼呈环形链接。在一些更为正式的场合，我们还可以选择穿着法式衬衫。

图 2-6　法式叠袖与袖扣的使用

法式衬衫的特点是：贴身剪裁，无胸袋，加高欧式硬领以及法式叠袖。法式叠袖（French cuffs）与美式衬衫的袖口不同，它完全伸展之后长于手腕，需要折叠起来，将两端合并捏成水滴状后，用袖扣固定。袖扣是用在专门的衬衫上代替袖口纽扣部分的，它的大小和普通的纽扣差不多，却因为精美的材质和造型，更多的造型款式和个性化需求的定制，起到了很好的装饰作用。袖扣材质一般为贵重的金、银、水晶、钻石、宝石等。穿着法式衬衫佩戴袖扣时，在双臂自然下垂的情况下，衬衫袖口应露出西装袖口约 2 厘米，以露出袖扣为宜。

3. 领带

领带是男士正装的必备元素，穿着西服时，系上一条漂亮的领带，既美观大方，又能给人一种典雅庄重之感。一些服饰专家指出，领带像胸衣、裙子一样展现了人们的性别特征，象征着一种富有理性的责任感，体现了一个严肃守法的精神世界，而这恰恰是当时男性们刻意追求的。关于领带的起源，有很多种说法，流传较广的一则与法国国王路易十四有关。

17 世纪中叶，法国军队中一支克罗地亚骑兵凯旋回到巴黎。他们身着威武的制服，脖子上系着一条围巾，颜色各式各样，非常好看，骑在马上显得十分精神、威风。巴黎一些爱赶时髦的纨绔子弟看到后，十分感兴趣，竞相仿效，也在自己的衣领上系上一条围巾。某天，有位大臣上朝，在脖子上系了一条白色围巾，还在前面打了一个漂亮的领结，路易十四国王见了大加赞赏，当众宣布领结为高贵的标志，并下令上流人士都要如此打扮。领带的历史由此开始了。

图 2-7　法国国王路易十四

现在的领带基本沿袭 19 世纪末的条状款式，45 度角斜向裁剪，内夹衬布、里子绸，长宽有一定的标准，色彩图案多种多样。

搭配男士正装的领带最好是真丝质地的。真丝领带面料较厚，花色饱满，有立体感，质感优良。领带的花色应与西装、衬衫协调，避免选择过分艳丽的颜色或花哨的图案，这会给人轻浮之感。

目前常见的领带的款式有箭头形和平头形，箭头形领带比较正式、庄重，平头形领带则相对比较时尚，适合比较轻松的非正式场合。

从宽度上来说，领带又可分为宽领带和窄领带。

宽领带（Wide Ties）是最基本的领带款式，所谓"宽"是指领带最宽处宽度为 8～10 厘米，能很明显地看到领带上面窄、下面宽。宽领带系上后显得端庄、稳重，是成熟男士的首选。

窄领带（Skinny Ties）则更适合半正式、休闲场合，所谓"窄"是指领带整体的上下宽度基本一致，在 5～7 厘米。年轻男士参加酒会等半正式场合时，可以选择窄领带，显得时尚而有活力。

在选择领带的宽窄时，也要配合衬衫的领形。一般而言，衬衫领子之间的角度越大，领带宜越宽。

领带的系法有很多种，最常见的系法有温莎结、半温莎结和四手结（又称平结）。

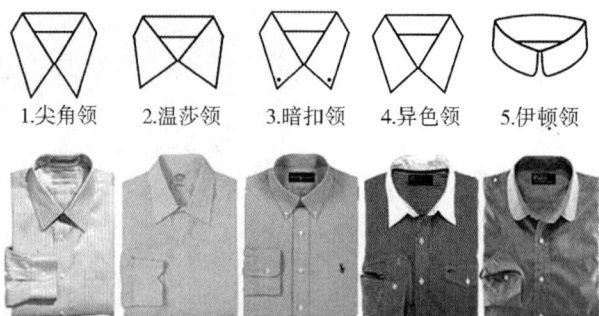

| 1.尖角领 | 2.温莎领 | 3.暗扣领 | 4.异色领 | 5.伊顿领 |

图 2-8 衬衫领型

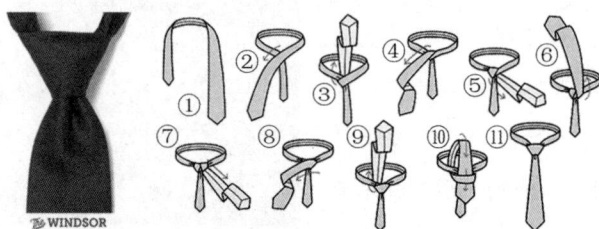

图 2-9 温莎结系法

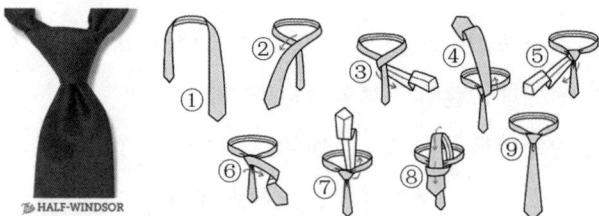

图 2-10 半温莎结系法

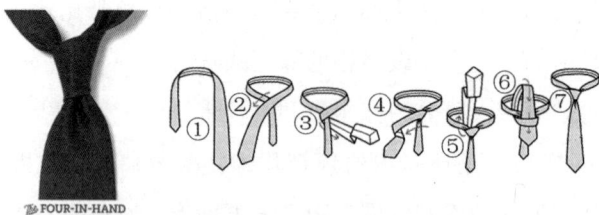

图 2-11 四手结（平结）系法

领带系好以后，目前比较流行的做法是在靠近结的部位捏出一个凹痕，使领带结中间凹陷下去一个小窝，这个小窝被形象地称为男人的酒窝（Men's Dimple）。

领带系好后的长度应该刚好处于皮带扣的上方，以领带底端的箭头可以碰触皮带扣为宜。领带过长或过短，都会在视觉上影响身体的比例，从而影响美观。

此外，还需要注意：短袖衬衫是不搭配领带的，除非是制服短袖衬衫；市面上用拉链制作的"易拉得"领带，是一种偷懒的发明，这种领带看上去缺乏质感和品位，因此不推荐佩戴。

4. 袜子、皮鞋

男士在穿着正装时，足部应该搭配袜子和正装皮鞋。

男士应选择袜腰比较高的中筒袜，穿上后袜腰高至小腿肚，这样可以保证落座时不会露出腿部皮肤。袜子的颜色以深色为主，或与西裤或皮鞋的颜色一致，避免出现花哨图案。如果穿黑色皮鞋，一定不要穿白色袜子。袜子的质地最好为吸汗、透气的纯棉针织面料。

男士的正装皮鞋有以下三种。

（1）牛津鞋（Oxford Shoes）：牛津鞋是 17 世纪英国牛津大学流行的男鞋样式，被视为最正式的正装男鞋，它的特点是鞋面有封闭式襟片系带设计。根据鞋面拼接的皮子的数量，牛津鞋又分为两段式和三段式。

图 2-12　三段式牛津鞋

（2）德比鞋（Derby Shoes）：一种源自英国的经典鞋型，特点是鞋面上有开放式襟片系带设计，穿着起来较牛津鞋更为舒适，适合脚掌宽、脚面高的男士。德比鞋与牛津鞋最大的不同就在于襟片的设计，牛津鞋的襟片在系好紧鞋带后是完全闭合的，而德比鞋的两个襟片之间则有一小段距离。

图 2-13　德比鞋

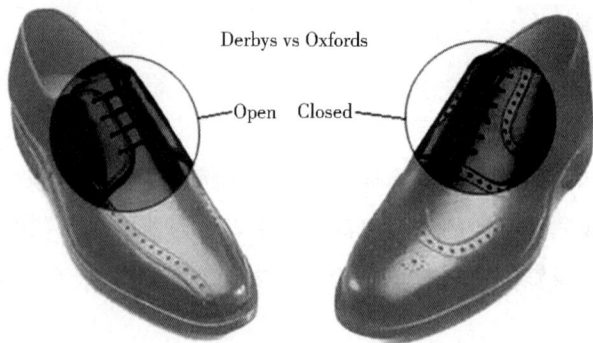

图 2-14　德比鞋与牛津鞋的区别

（3）僧侣鞋（Monk-straps Shoes）：也叫孟克鞋，出现于系带鞋之前，是西方最古老的鞋的种类之一。僧侣鞋的特点是鞋面上有搭带、搭扣设计。

图 2-15　僧侣鞋

男士的正装皮鞋以深色素面为主，首选黑色。应随时保持皮鞋的清洁光亮，粘满尘土的皮鞋会给他人邋遢的感受，使个人的形象大打折扣。

有布洛克雕花（Brogues）或者 U 形鞋面（U-Tip）装饰的皮鞋，属于便装皮鞋，这样的皮鞋只能在半正式或休闲场合穿着。

5. 腰部

男士在穿着正装时，应选择皮质腰带，皮带扣最好为金属质地的板式针扣。皮带的颜色应与皮鞋、公文包的颜色保持一致，皮带上最好不要出现明显的图案或花纹。

此外，男士不可以在腰部悬挂任何东西，钥匙、手机等物品可以放入公文包，以免影响整体形象。

（二）宴会、歌剧院等社交场合

男士在宴会、歌剧院等重大社交场合，应穿着礼服。男士的正装礼服分为两种。

1. 小礼服（Black Tie）

男士小礼服又称无尾礼服，其特点是上衣领镶有缎面，翼领衬衫，胸前装饰风琴褶，佩戴法式袖扣，腰间佩戴宽大的缎面腰封，并用蝴蝶领结（Bow Ties）代替领带，裤子两侧夹缝处有和领子同面料的黑缎夹条。

　　小礼服的外套通常是无尾的晚礼服（Tuxedo），它和普通西服的最大的区别在于面料和驳领。礼服外套的面料除了传统的黑色面料之外，还有丝绒面料。翻领是传统经典的戗驳领或是高雅稳重的青果领，材质是异于衣身的罗缎（表面有明显横向纹理）或者色丁（有较好的光泽度）。纽扣为包扣，包扣的布料必须和翻领布料相同。裤子的面料与上衣相同，颜色同样为黑色，裤缝处用黑色缎带做装饰。穿晚礼服时，应选择白色礼服衬衫、翼领、法式叠袖、珍珠白色或者黑色饰扣，门襟处为菱形纹或打褶竖纹。穿着小礼服时，应搭配漆皮牛津鞋。一般要求穿着小礼服出席的场合有：去歌剧院观看传统歌剧，参加西式婚礼，参加重要的颁奖礼、晚宴等。

BLACK TIE DRESS CODE

① Tuxedo jacket
② Tuxedo pants
③ Cummerbund
④ Pleated dress shirt
⑤ Black bow tie
⑥ Onyx shirt studs
⑦ Onyx cufflinks
⑧ Patent leather oxfords

OPTIONAL ACCESSORIES

⑨ Black dress watch
⑩ White lapel flower
⑪ Evening scarf

图 2-16　小礼服

国家歌剧院的租鞋服务

　　中国国家歌剧院提供免费租鞋服务。入场检票时，检票员会对观众的着装进行检查，如果发现观众穿着拖鞋，会劝说观众去免费租鞋柜台租借黑色正装鞋，更换后再入场。这一贴心的服务赢得了观众的认可，并为那些着装不当的观众提供了方便，避免了尴尬。同时，这一服务也提示我们，在进入歌剧院、宴会厅等高雅场所时，应注意自己的仪表。

2. 大礼服（White Tie）

大礼服是最正式和最高级别的着装，只有非常正式的舞会和晚宴才要求穿着大礼服，如皇室婚礼或诺贝尔颁奖晚宴，一些高级别的酒会和音乐会也要求穿着大礼服。

大礼服的上衣是前短后长的燕尾服（Tail Coat），单排扣、戗脖领边并带有真丝拼接，上衣的门襟一定要盖住里面的马甲；领结为白色的长方形领结；衬衫是带有翼领和法式袖口的礼服衬衣，胸前可以带有褶皱设计；马甲为白色，马甲的长度必须遮住裤腰部分，而且还要扣上所有的纽扣；佩戴背带，背带扣是纽扣而不是夹子；裤子为最传统的带腰封的黑色礼服裤，侧缝处须有两条装饰缎带，而且装饰缎带的材质必须和上衣领子的拼接材质一样；袜子为黑色丝质，搭配鞋面有蝴蝶结装饰的漆皮礼服鞋。

图 2-17　两段式漆皮牛津鞋

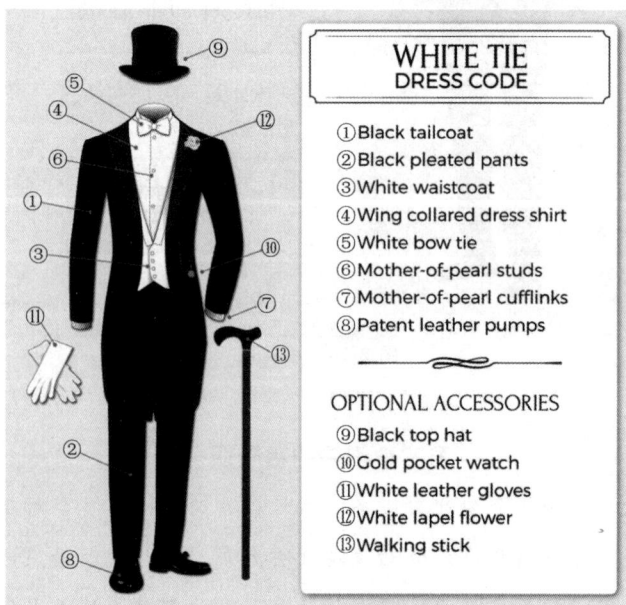

图 2-18　大礼服

图 2-19　搭配大礼服的漆皮礼服鞋

（三）休闲、运动场合

在休闲、运动场合，男士可以选择穿着舒适、实用、突出个性和时尚的服装。如登山的时候可选择冲锋衣和登山鞋，打球的时候选择 T 恤和球鞋等，只要符合美观、大方、整洁的基本原则即可。

二、女士着装礼仪

（一）公务、商务场合

根据西方的着装传统，女士在正式场合的着装是裙装，在职场中，我们首选的是西装套裙。套裙不仅能够体现女性典雅、优美的风姿，而且能够展示出专业、干练的特点。

女士在穿着职业套裙时，应注意以下几点。

第一，不可以穿着黑色皮裙，尤其是在一些涉外活动中。在国外，黑色皮裙往往是性工作者的身份标志，如果在涉外活动中穿着皮裙，容易引起一些不必要的麻烦和尴尬，自身的形象也会大打折扣。

第二，女士在穿着裙装时，一定要搭配丝袜。丝袜的颜色宜为肤色、黑色、浅灰色等，要避免选择颜色过于鲜艳，或图案花哨夸张的袜子。丝袜的长度要超过裙边，切不可露出腿部皮肤。此外，不可以穿着已经破了的丝袜。职场女性应随身带一双备用丝袜，避免袜子破损带来的尴尬。

第三，应选择有跟的皮质船鞋，不可以露出脚趾和脚跟，因此，凉鞋、鱼嘴鞋、平底鞋、靴子等都不适合出现在正装的搭配中。鞋子的跟不宜过高，但也不应低于 3 厘米，鞋面上最好不要有过于华丽烦琐的装饰。鞋子的颜色应与套装的颜色协调，一般来说，鞋子的颜色与裙子的颜色应保持一致，使整体造型和谐而雅致。绸缎面料或饰满亮片、亮粉、水钻的高跟鞋，通常属于晚装鞋，不适合在办公场合穿着。

第四，裙装的颜色应淡雅、低调，避免选择过分艳丽的颜色和花哨的图案。全身着装的色调要统一，符合"三色原则"，即全身服装的颜色不要超过三种或三个色系。

第五，裙装的款式应端庄大方，不宜过分暴露（不露胸肩），裙子的长度应在膝盖上下，最短不超过膝上一拳，最长不超过小腿肚；衣服的质地不宜太轻薄透视或紧身，否则容易给人轻浮之感。

女士在职场中，可以佩戴首饰作为装饰，起到画龙点睛的作用。佩戴首饰时，应注意以下原则。

首先，从数量上来讲，佩戴首饰应以少为佳，全身的首饰不要超过三种。佩戴过多的首饰容易影响工作，同时可能给人炫富的不良感受。

其次，从质地上而言，尽量选择配套的、同质同色的首饰。首饰的款式、颜色以低调、不过分闪亮为佳。一般而言，银色要比金色含蓄、雅致。首饰的品质要精致，不要佩戴做工粗糙的饰品，这样容易显得俗气。

最后，尽量避免选择凸显性别魅力的首饰，如长长的流苏耳环、脚链等过于彰显女性魅力的饰品，这与职场女性专业、端庄、干练的形象不相符。

《穿普拉达的女王》中的总监助理

在电影《穿普拉达的女王》中，初入职场的总监助理安迪在上班时穿着松垮的蓝色大毛衣和平跟皮鞋，因此遭到了上司米兰达的严厉批评。在与同事奈吉尔积极沟通后，安迪明白了着装对自身和公司形象的重要性。在奈吉尔的帮助下，她重新打造了自己的职场形象，成为一名时尚、靓丽、干练的职场女性，并逐渐得到了上司米兰达的认可。

安迪对职场的着装礼仪，由开始的抗拒到逐渐认可，再到最终的身体力行，为大家展现了一位职场新人典型的心路历程。得体、美观的职场着装不仅仅代表着一个人的形象、修养，更体现了这个职位、这个公司的形象，以及一个人对他人的尊重程度。

（二）宴会、歌剧院等场合

女士在参加重大的宴会，或去歌剧院观看歌剧时，应该穿着裙装礼服并搭配高跟鞋。如果是一般的宴会，年轻的女士可以穿着短款的小礼服。如果是盛大的晚宴或非常重大的社交场合，女士则需穿着拖地的长礼服，搭配长款薄纱或缎面的礼服手套，头发应盘起来，佩戴华丽的珠宝首饰，穿着缎面或水钻、亮片装饰的晚装高跟鞋。女士在穿着礼服时，不可以搭配休闲包、公文包，而应该选择精致小巧的手拿宴会包。

图 2-20 女士长礼服

《风月俏佳人》中的薇薇安

电影《风月俏佳人》中的薇薇安出身底层，富商爱德华决定花钱雇她一周，作为出席交际活动的女伴。薇薇安接受了爱德华的要求，开始了一周的朝夕相处。在薇薇安与爱德华相处的这一个星期里，她从外表到内心都发生了巨大的变化。她在酒店经理的帮助下，穿上了晚礼服，学会了就餐的基本礼仪。她陪同爱德华出席宴会，观看歌剧，从穿着暴露、谈吐粗俗变得高贵优雅。外表的变化也让她认识到了自己曾经的堕落，于是她计划回到学校读书，重新规划自己的生活。

（三）休闲、运动场合

在休闲、运动场合，女士可以选择穿着舒适、实用、突出个性和时尚的服装，只要符合美观、大方、整洁、不过分暴露的基本原则即可。

★**课后思考和练习**

1. 请思考仪表礼仪的重要性。
2. 请尝试选择一款适合自己在职场穿着的正装。
3. 男士的商务正装与礼服正装有什么不同？

第三节 仪态礼仪

仪态指人们在社交活动中身体在做不同的动作时呈现的不同姿态，包括表情和举止。举止又包括站姿、坐姿、蹲姿、行姿等。

优美的仪态、恰当的举止、亲切的表情，会给别人留下友善而风度翩翩的美好印象。反之，粗俗的举止，傲慢的言行，则会让人产生不愉快的感受。

仪态是人们内心世界的外在表达。当我们微笑时，对方会接收到友善的信号；当我们双手递上水杯时，对方会感受到我们的谦恭；当我们欠身向对方问候时，对方会了解我们传达的尊重之意。在文秘工作中更是如此，作为秘书，我们需要做上传下达的工作，面对领导时，我们的举止应当表现出谦恭的态度；面对同事时，我们应该文雅而友好；接待来宾时，举止更应该反映出我们热情和善的态度。

曹操跣足迎许攸

官渡之战期间，曹操与袁绍两军对峙，相持不下，曹军此时已粮草不足，曹操也一筹莫展。在这个关键时刻，袁绍的一个谋士许攸前来投奔曹操。"时操方解衣歇息，闻说许攸私奔到寨，大喜，不及穿履，跣足出迎。遥见许攸，抚掌欢笑，携手共入，操先拜于地"。

曹操迎接许攸时，"不及穿履，跣足出迎"，来不及穿上鞋子，光着脚便迎了出去。关于光脚，有两种说法，一种是表现曹操迫切想要见到许攸，故没有时间穿鞋子；另一种解释是古代光脚表示尊重。无论哪一种说法，曹操此举都体现了他对许攸的重视。之后曹操远远地看见许攸，便"抚掌欢笑"，到了许攸身边，"携手共入"，入帐之后，曹操先行大礼拜见许攸。

曹操这一系列的举动，无不体现出他对这位谋士的欣赏和重视。由此可见，仪态举止是一个人内心活动的外在表现，我们对他人的尊重，需要通过适当的举动，才能被对方了解和接受。

周总理为外宾送行

　　1962 年，周恩来总理到西郊机场为西哈努克亲王和夫人送行。亲王的飞机刚起飞，我国参加欢送的人群便自行散开，各自找车准备返回，而周总理这时却依然笔直地站在原地未动，并要求工作人员立即把那些登车的同志请回来。这次周总理发了脾气，他狠狠地批评："你们怎么搞的，没有一点礼貌！各国外交使节还在那里，飞机还没有飞远，客人还没有走，你们倒先走了。大国这样对小国客人不是搞大国主义吗？"当天下午，周总理就把外交部礼宾司和国务院机关事务管理局的负责同志找去，要他们立即在《礼宾工作条例》上加上一条，即今后到机场为贵宾送行，须等到飞机起飞，绕场一周，双翼摆动三次表示谢意后，送行者方可离开。

　　周总理在外宾的飞机起飞后没有马上离开而是继续目送客人的行为，不但体现了他作为东道主对外国客人的尊重，更体现了中国对柬埔寨的友好态度。周总理之所以会对先行离开的礼宾人员发脾气，是因为外交无小事，任何的举止动作都是非常重要的。

一、表情的礼仪

（一）微笑

　　日常工作中，表情往往是最能体现人们态度的一种仪态。冷漠的面孔会让人感觉拒人于千里之外，过于严肃的表情则会让人觉得紧张，而自然愉快的微笑则能够轻松地唤起对方的亲切感，工作起来也会事半功倍。

　　在工作中，当与他人接触时，我们应该带着亲切的微笑。

　　标准的职业微笑是，面部肌肉放松，嘴角自然上翘，眼睛含有笑意，露出 6～8 颗牙齿。

　　我们可以面对镜子练习微笑：咬一根筷子，或者做出读"cheese"一词时的口型，面部放松，目光柔和，从内心深处感受愉悦，从而找到属于自己的最美的微笑。

（二）目光

　　"眼睛是心灵的窗户"，不同的目光可以流露出不同的情感和内心活动。在日常工作中，我们通常应该展现出温和而友善的目光。

图 2-21　标准的职业微笑

　　特别要注意我们目光的凝视区域。与别人交谈时，我们的目光所及之处，代表着我们不同的内心态度。一般而言，我们不宜对他人的肢体部位凝视时间过长，尤其是异性之间，过度的凝视容易引起对方的反感。交谈时，我们通常应该将身体转向对方，并凝视对方的面部。

　　在凝视对方面部时需要注意，应该避免直视对方的眼睛，因为长时间凝视对方的眼睛，容易给人以紧张感。

　　我们将人脸分为上下两个三角区。在公务活动中，我们应当凝视以对方的额头与眉毛为核心的上三角区，这个凝视区域带给人认真、平等、有诚意的交往气氛。下三角区为亲密凝视区，以对方的鼻子、嘴唇为核心，这个凝视区域适合关系亲密的亲人或恋人之间的交流。

图 2-22　凝视的区域

目光礼仪的禁忌有以下几点。

　　第一，居高临下地俯视对方。俯视的目光容易带给他人傲慢、不屑一顾的感觉。应该尽量平视对方，营造出平等和谐的氛围。

第二，和他人交流时不注视对方，左顾右盼。谈话时不注视对方的面孔，会让人产生不被重视的感觉。

第三，上下打量对方。用目光上下打量对方，会让对方感觉受到轻蔑和被质疑，并产生不适的感受。

第四，在他人做一些私密的事情时窥探。在他人做一些私密的事情，如化妆、整理衣服时，一直注视对方是不礼貌的行为。

二、站姿礼仪

（一）男士站姿

男士的标准站姿包括：抬头挺胸，面向正前方，双眼平视，头顶要有向上提拉的感觉。双肩下沉，腰部立起，腹部收紧，提臀，双腿直立。标准的男士站姿应该给人一种挺拔、精神勃发的感觉。

男士站立时的手位有 3 种。

（1）肃立式：站立时双手自然下垂于身体两侧。肃立式手位适用于庄重肃穆的场合，如升旗仪式。

（2）前搭式：站立时左手轻轻搭在右手手腕上，右手握空拳。前搭式手位能体现出严谨、谦恭的态度。

图 2-23　肃立式手位　　　　　　图 2-24　前搭式手位

（3）后搭式：站立时左手搭右手，放在身后腰椎处。后搭式手位能体现出权威感，故一般在管理场合使用。

图 2-25　后搭式手位

男士站立时的脚位有两种。

（1）V字形脚位：站立时双脚脚后跟合拢，两只脚脚尖外开30度。

（2）小八字脚位：站立时双脚脚后跟分开约一拳的距离，两只脚脚尖外开30度。

图 2-26　V字形脚位

图 2-27　小八字脚位

（二）女士站姿

女士的标准站姿包括：抬头挺胸，双眼平视，头顶要有向上提拉的感觉。双肩下沉，腰部立起，腹部收紧，提臀，双腿直立。标准的女士站姿应该给人一种优雅而秀丽的感觉。

女士站立时的手位有两种。

（1）肃立式：站立时双手自然下垂于身体两侧。肃立式手位适用于庄重肃穆的场合，如升旗仪式。

图 2-28　肃立式手位

（2）前搭式：站立时右手轻轻搭在左手上，手肘后靠。前搭式手位又分为低手位和高手位。

前搭式低手位：右手轻轻搭在左手上，右手手指寻找左手的指根位置，两手的拇指交叉藏入手掌中。前搭式低手位能体现出严谨、谦恭的态度。

图 2-29　前搭式低手位　　　　图 2-30　前搭式高手位

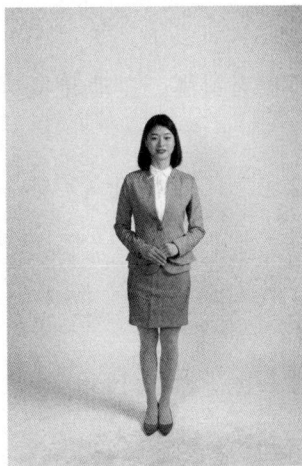

前搭式高手位：右手轻轻搭在左手上，双手放在肚脐的位置，右手下滑盖住左手指尖，两手的拇指交叉藏入手掌中。前搭式高手位能体现出庄重的仪式感。

女士站立时的脚位有 3 种。

（1）正位脚位：站立时双脚平行合拢。这种脚位显得谦恭、整齐。

（2）V 字形脚位：站立时双脚脚后跟合拢，两只脚脚尖外开 30 度。这种脚位显得自然、得体。

（3）丁字脚位：站立时双脚呈丁字形，左脚脚尖指向正前方，脸面向正前方。这种脚位庄重典雅，能体现出仪式感。

图 2-31　正位脚位　　　　图 2-32　V 字形脚位　　　　图 2-33　丁字脚位

站姿礼仪的禁忌有以下几点。

第一，将后背朝向他人站立。与对方交谈时背对着对方，会让对方感到不被重视。

第二，站立时有抖腿、扭动和晃动等小动作。这些小动作会给人不够庄重的感觉。

第三，弯腰驼背、东倒西歪等不雅站姿。女士尤其要注意避免双腿分开得过大。

三、坐姿礼仪

标准的入座应该从椅子的左侧进入，在椅子的正前方落座。在人多的场合，应左入左出，避免和他人碰撞。

（一）男士坐姿

男士落座时应坐满椅子的 2/3，以示恭敬。落座后应抬头挺胸，面向正前方，双眼平视，双肩下沉，腰部立起，腹部收紧。

男士的标准坐姿有 4 种。

（1）正位式：正位式落座时双脚的脚后跟分开约一拳的距离，脚尖外开 30 度，双手呈内八字分别放置于双膝之上。双腿分开的距离不能超过肩膀的宽度。

（2）交叉式：交叉式落座时双脚脚踝交叉叠放，双膝略微打开，双手呈内八字分别放于双膝上。

图 2-34　正位式坐姿　　　　　　图 2-35　交叉式坐姿

（3）开关式：开关式落座时一只脚在前，脚掌着地，另一只脚在后，脚后跟微微抬起，两只脚的脚尖微微外开，双膝略打开，双手呈内八字分别放于双膝之上。

（4）叠放式：叠放式落座时，双腿上下交叠，上腿的脚底下压不能冲人，双手交叠放在膝上。叠放式坐姿比较休闲，不适用于特别正式的场合。

图 2-36　开关式坐姿　　　　　　图 2-37　叠放式坐姿

（二）女士坐姿

女士落座时应坐满椅子的 2/3，以示恭敬。落座前可以用右手手背从上到下将平裙摆，合并双腿落座。落座后应抬头挺胸，面向正前方，双眼平视，双肩下沉，腰部立起，腹部收紧。女士坐姿要求坐不开膝，脚尖下压不冲人。

女士的标准坐姿有 5 种。

（1）正位式：正位式落座时双腿合拢，双脚可前伸 5～10 厘米，双手交叠压住裙角。

（2）侧位式：侧位式落座时双腿合拢，侧放于距离正位 10 厘米的距离，双手交叠压住裙角。

（3）叠放式：叠放式落座时双腿上下交叠，小腿必须合拢，上腿的脚底下压不能冲人，双手交叠放在膝上。叠放式坐姿比较休闲，不适用于特别正式的场合。

（4）交叉式：交叉式落座时双脚脚踝交叉叠放，双膝合拢，双手交叠压住裙角。

图 2-38　正位式坐姿

图 2-39　侧位式坐姿

图 2-40　叠放式坐姿

图 2-41　交叉式坐姿

（5）开关式：开关式落座时一只脚在前，脚掌着地，另一只脚在后，脚后跟微微抬起，两只脚的脚尖微微外开，双膝合拢，双手交叠压住裙角。

图 2-42　开关式坐姿

坐姿礼仪的禁忌有以下几点。

第一，不停抖动双腿。这样会给人不庄重的感觉。

第二，将脚底冲向他人。这是非常不礼貌的行为。

第三，落座时双膝分开。

第四，抬起臀部拉着椅子挪动。需要移动椅子的位置时，应先挪动椅子，再落座。

四、行姿和蹲姿礼仪

行走的时候应步速适中，重心稳固平稳前行，双臂自然摆动。女士应走成一条直线，男士的步位则为两条平行线。行走时脚尖冲向正前方，不要内八字或外八字。行进中尽量不要从他人的面前穿过，而要选择从他人的背后通过。在走廊行走时应靠右侧，遇到对面的来者时一般应主动让路，如果是认识的人，应微笑并点头致意。除非遇到紧急事件，一般不要奔跑。

图 2-43　行姿

　　下蹲的时候应将左脚后退半步，右脚脚掌着地，左脚脚后跟抬起，左腿膝盖向下冲向地面，臀部向下。女士应将大腿合拢，用手按住裙角。男士可将大腿略微分开，手置于膝盖上。

图 2-44　女士蹲姿

图 2-45　男士蹲姿

程门立雪

杨时是北宋时期的一位才子，南剑州将乐人（今属福建）。中了进士后，他放弃做官，想继续求学。程颢、程颐两兄弟是当时很有名望的大学问家、哲学家和教育学家，也是北宋理学的奠基人。他们的学说被南宋朱熹继承，世称程朱理学。

杨时仰慕"二程"的学识，投奔洛阳程颢门下，拜师求学，4 年后程颢去世，又继续拜程颐为师。这时他已经 40 岁，仍尊师如故，刻苦学习。一天，大雪纷飞，天寒地冻，杨时读书时碰到疑难问题，便冒着凛冽的寒风，约同学一同前往老师家中求教。到老师家后，见到老师躺在椅子上睡着了，他不忍打搅，怕影响老师休息，就静静地侍立门外等候。老师一觉醒来时积雪已有一尺深了，他们的身上全都是雪。老师忙把两人请进屋中，为他们讲学。

杨时怕惊扰老师休息，在大雪中恭敬侍立的行为，体现了他对老师的体贴和尊敬，因此"程门立雪"成了广为流传的尊师故事。

★课后思考和练习

1. 请举例说明仪态礼仪的重要性。
2. 请对着镜子练习标准的站姿和坐姿。

第三章　文秘的日常工作礼仪

第一节　文秘的日常工作

在社会高速运转、科技日新月异的今天，每个人都会感觉到职场竞争日渐激烈，身处职场的人们大多都有一种"职场如战场"的感觉。每个人每天需要处理的工作复杂多样，在所有的工种之中，文秘工种是较为特殊的一种，它本身的职业特点决定了秘书的职责范围比大多数职业更加宽泛。所谓"日常工作"是指文秘人员每天都要做的工作，如果没有经过认真思考与总结，一般新手很有可能每天都觉得时间不够用，不能高效出色地完成工作，甚至会出现手忙脚乱的情况；但对有较长工作经验的文秘人员来说，对自己的工作进行思考与总结，分门别类后针对性对待，就能做到对每天的工作了然于心、成竹在胸。

一、文秘的日常工作的范围

（一）日程管理

日程管理即文秘人员需要管理统筹领导每天的行程安排。文秘人员需要为领导制作出每天的日程表，包括各种办公、会议、出差等活动以及这些活动的具体时间、地点和详细的内容，最好能够准确一些，比如需要领导发言的时间、讨论的时间以及聆听的时间，甚至包括需要不需要准备纸质材料和电子资料，如幻灯片等。还需要提前一天再次提醒领导第二天的重要日程安排，包括时间、地点、会议内容等。另外，还要提前安排好领导的出行、就餐、住宿等一系列相关事宜。

（二）客人接待

除了领导的日程安排之外，秘书的另一项重要任务是接待来宾。迎宾工作中，除了需要热情和真诚，礼仪常识也必不可少。迎来送往是日常接待工作的主要方面，最好能够在客人来访之前就做好准备工作。重要客人来访前应酌情准备鲜花、水果、茶水、干果、笔纸、名片等物品。客人来访期间应主动为客人端茶倒水，每隔 10～15 分钟续水一次。客人离开时应主动为客人带路、开门，目送客人坐车离开后返回。重要客人临走时可与领导沟通是否需要准备一些礼品或特产馈赠客人。

（三）文书工作

文书工作也是文秘日常工作中非常重要的一部分。文秘人员需要处理上级下发的文件以及草拟领导需要发布的文件。另外，还需要草拟各类重要文件，包括单位的总结计划、领导的讲话稿、活动的策划文案、单位的宣传稿件、给外单位的邀请函等。文字工作琐碎而繁复，一不留神就会出现差错，做好文书工作既需要文秘有深厚扎实的文字功底，还需要文秘人员细心认真地对待每一个文件。要将这些文书工作做到尽善尽美，还必须提前与相关领导沟通，及时了解各项工作的进展情况，最后还要按领导的意见整理、修改并完善相关材料。

（四）办公室的整理

办公室的整理工作看起来并不起眼，简单易做，其实并不尽然。它并不仅仅指打扫好卫生、收拾好桌椅书本、摆放好办公用品，还包括自己和领导的办公资料整理。可按时间段、类别将资料统一装进档案盒或档案袋（夹），标好后摆放整齐。可以使用统一规格颜色不同的档案盒进行分类放置，如果资料太多则需要编写目录进一步细分。此外，还需要将自己的私人用品和办公用品分开放置。另外，电子资料的保存整理也非常重要。可以将领导和自己的电脑桌面每周整理一次，按照年、月的时间顺序划分，也可按职能部门、项目部等类别划分。此外，还需要重点整理分类名片、票据等琐碎物品。除了整理到位之外，还可以利用鲜花、绿植、小饰品等简单装饰物美化办公环境，使每个人都能在美好的环境中身心愉悦地办公。

（五）出差安排

文秘人员需要在领导出差前反复确认出差目的和日期；确认领导的陪同人员；与出差地相关人员沟通，确定日程安排；确定详细行程，预订机票、酒店，确定接送机人员；安排详细的日程表，包括时间、地点、参会人员和内容等；还需要根据领导的习惯准备出差用品。出差中要根据情况及时与相关人员或领导沟通，帮助处理紧急的事务。出差回来后要及时总结并整理归档资料。

以上是文秘人员需要负责的办公室日常事务，除此之外，秘书还需要经常处理一些非常规工作，即突然出现或者比较少出现的工作。对此类突发事件或者非常见事务的处理，考验的是秘书是否有应急能力。

二、文秘的职责范围

在一个单位中，文秘的职位属于比较特殊的类别，一方面事无巨细地为领导服务，另一方面又经常将领导的指令传达给所有同事，因此有些秘书就难以界定清楚自己的职责范围。下文简单界定了秘书的日常工作职责范围。

（一）为领导整理办公室

作为文秘工作的组成部分，整理办公室并不是我们传统认为的打扫干净房间，摆放整齐用品，甚至是烧好开水泡好茶此类简单劳动。"整理办公室"有更广泛的含义，它包括了从文书档案一直到与各部门联系和协调等工作，即为领导创造一个舒适、整洁和不受外界干扰的工作环境。可以说，文秘工作是从整理办公室开始的，也是以整理办公室结束的。

（二）为领导收集相关信息

文秘的第二大职责就是为领导收集决策所需要的信息。如果你的领导在单位主要负责涉外贸易，那你就必须将各种有关境外的资料收集给他以供参考，另外还需要关注涉及境外的政策法规等。如果你的领导主要负责企业文化，那你就必须将单位举办的大小活动的照片、策划案、全程安排等信息整理好后给他。对文秘人员来说，给领导提供的信息一定要及时并全面。

（三）及时准确地执行领导的指令

正确而且按时处理好领导交代的工作，这是对一个文秘人员的基本要求。文秘人员在接受和执行领导指示的时候，应该注意以下几点。

（1）主动将属于自己职责范围内的工作处理完毕。难以界定的工作及时向领导汇报。

（2）对自己的工作不拖延，要有重点，及时处理最紧急的工作。

（3）处理领导交代的工作时，不能自作主张影响工作结果。

（4）完成领导交代的工作之后，要找适当的时机向领导汇报。

（四）文秘人员的主动与"越位"

文秘工作的性质决定了日常工作的烦琐性和机动性，领导不会对文秘工作随时随地给予指示，那么文秘人员就必须根据自己的工作经验思考并判断工作的边界。首先是自己职责范围内能够轻松解决的工作，其次是自己职责范围内有问题和困难的工作，最后再考虑不属于自己职责范围但需要向领导汇报的工作。然而，这并不等于什么事都由秘书一个人决定。秘书的能力表现在他能判断什么事情可以由自己做主，如果是自己能做主的，那就无须上司交代而主动去做。能否恰到好处地分担领导的"杂务"，是评价秘书个人能力的标准。充分发挥主观能动性之前，一定要先熟悉领导的工作习惯。有些领导十分清楚自己的工作量，他可以合理地将自己认为是"杂务"的工作分派给秘书去做；有些领导不太习惯下达命令，更习惯把各种杂务揽在自己的身上，使自己苦不堪言。因此，秘书一定要了解领导的工作习惯和工作内容，这样才能清楚自己能处理哪些杂务，哪些"杂务"不能做。

小雪是某教育局的局长秘书。每年开学初、学期中和学期末，她发现领导都特别忙碌，经常会和几个主任频繁检查学校工作并撰写材料。刚开始小雪不能帮上什么忙，了解了领导的这一工作特点后，今年小雪不需要领导交代，早早地在开学初、学期中和学期末把相关资料都准备好了。

很多初入职场的文秘人员刚开始工作时都很有热情，认为自己应该积极工作，尽量为领导多分担一些事情，既能表现自己的能力又能减轻领导的负担。不过，这种主动性的分寸不容易把握，许多秘书在工作中积极过了头，有时甚至让领导很被动，严重一点的还会出现重大错误。还有一些文秘人员主观判断一些领导的意图，想当然地还用以往的方法去做。虽然领导过去都是那样要求的，但未必这次他还会要求你用同样的方法做。对一些领导有特殊要求的工作，秘书在做之前一定要请领导确认。另外，在遇到那些自己不明白或自己不能做决定的事情时，必须向领导请示，不能先斩后奏。作为秘书，绝对不能干预领导的决策，超越自己的职责范围，自行其是。私自代表领导与客人洽谈业务，随便接待或回绝没有预约的客人，询问会议内容，代替领导接待客人，随意决定领导的工作日程等都是不恰当的行为。

三、日程安排

　　日程安排是文秘工作的一部分，帮助领导做好时间安排是文秘人员非常重要的工作。现代社会职场工作日益高效，"时间就是金钱"，在领导的工作中更是体现得淋漓尽致，因此时间安排是否合理也在一定程度上决定单位以及领导的工作成果。文秘人员应当担当好时间的管理者，将工作安排合理，提前为领导做出安排，使领导心中有数，能高效工作。

　　日程安排不只是填个行程表那么简单，合理的布局安排是十分重要的，虽说只是时间的安排，但是还得考虑如何实施，尤其是面临需要各部门以及领导配合的大事情时，就更能体现统筹合理布局的重要性。作为秘书，一定要细心观察领导的工作习惯和做事风格，调整自己的工作方法，主动适应领导的工作节奏。在文秘人员与领导刚开始工作的时候，双方最好能尽快沟通磨合，在合作之初做一次深入交谈，文秘人员应尽快准确了解领导的性格以及需求，两人对一些事务的处理原则达成共识，为日后工作的顺利开展做铺垫。

　　如果日程安排出现偏差，事后要及时总结，发现并总结问题，争取下次的安排做到万无一失。也可以把日程安排表放在显眼位置，经常翻看、对比、分析，做到随时心中有数，不顾此失彼，丢三落四。这样不仅能提高自己的工作水准，也对提高领导的工作效率起到了良好的促进作用。

　　美丽是一位总经理秘书，她所在的单位是一家房地产公司，在她刚刚入职不久时，经理让她策划一场周末活动宣传企业形象。她设计了一个亲子活动的周末活动宣传计划书，经理同意之后，她兴冲冲地做好时间计划表和工作安排。然而，活动很不成功，暴露出了很多问题，比如场地不够大，提前告知后勤组同事准备的椅子和饮料食品的数量都不够，保安部的工作人员也不够多。经理讲话环节由于美丽忘记提前告知经理，经理因为有其他安排而不能前来。她还忘记通知宣传部门的同事做好拍照、联系媒体以及写宣传稿件的工作。由于经验不足，美丽所做的日程安排过于粗糙简单，而且没有事先考虑团队协作的问题，导致活动效果不理想。后来随着工作的时间越长，工作经验越来越丰富，美丽再安排日程计划时，考虑得非常全面，活动统筹也十分合理，反响也很好，为领导安排的日程也非常恰当，工作得到了大家一致的赞赏和好评。

（一）总体日程安排

文秘人员在安排办公室日程和领导日程时，一般会考虑相对固定的日常工作和比较有突发性质的临时工作安排。日常工作就是每天差不多都需要做的一些基本工作，而临时性突发工作不是每天都会出现的。文秘人员的通常做法是将计划好的事情预先填入拟好的日程表中，同时细致灵活地安排好突发事件。

1. 总体原则

文秘人员需要准确、敏锐地观察领导的日常工作习惯、工作基本内容甚至作息习惯、身体等各方面的情况，然后进一步了解领导的性格特点和工作风格，以便能做出更适合领导和单位的时间安排表。文秘人员还需要及时了解公司的业务发展情况，特别是所服务领导的业务进展情况；计划内的事情预先写入日程；在时间分配上，需要区分重点和非重点，紧急和非紧急事务，争取做到先分清轻重缓急，然后再高效办公。

王明是一家报社总编的秘书，有一次在安排日程时，他根据经验将每天总编的审稿时间安排了两小时，但是不凑巧的是，总编提前安排了召开全院大会，而且当天还出现了一个特别重要的新闻事件，需要所有人加班赶稿子。面对这样一个重大的问题，王明建议总编取消全院大会。他还及时地通知所有人员加班赶稿，而且给总编延长了一小时的审稿时间，还把平时开始审稿的时间推迟了半小时。最后，由于保证了充足的写稿和赶稿时间，王明所在报社的特稿质量相当高，得到了上级主管单位的大力表扬，总编也在第一时间鼓励了王明。这些都体现出了王明作为秘书的工作能力：可以随时观察单位的业务发展情况，并能够分清主次，灵活处理突发事件。

2. 经验与技巧

周一、出差前后的工作日不要安排过多事务；在两个会议间留出机动时间，防止会议延长引起时间冲突，并给领导留出整理思路的时间；预留时间处理日常事务；每日在相对固定的时间与领导核对日程，保证与领导的日程表内容一致；当领导的行程和办公室的安排行程出现冲突时，秘书不能擅自代替领导做出任何决定，向领导汇报后，在领导的同意下根据其工作习惯和时间对各种预约酌情处理；控制约会时间，适时打断，防止拖延，以免影响后面的日程。

（二）出差日程安排

在单位的临时性事务的时间安排上，出差是占较大比重的一项安排，因此，作为秘书，为领导安排好出差中的一切事务是一项重要的工作。这需要文秘人员通过更加细致有条理的工作方式，合理安排领导或者办公室人员的出差工作计划。这也是体现文秘工作价值的重要指标之一。

出差前的准备工作：确定出差目的和日期；确定出差的具体人员，确定所有的日程安排；确定行程，提前预订机票酒店、接送机人员；根据领导的习惯，准备出差用品（见下表）。

出差携带物品表

各种证件，包括身份证、护照、港澳通行证等	笔记本电脑、U 盘、硬盘、录音笔等电子设备
往返机票（保险单保留在秘书手中）	书面讲话稿及素材
活动或会议等背景材料	出访地联系人通信录
现金或信用卡	备用笔等文具
礼品	应急药及常用药品

出差中的工作：第一时间掌握领导到达后的联系方式，必要时通知其他相关人员领导的行程。根据领导的日程安排，及时掌握公司及业务的相关信息。根据情况及时与相关人员及领导沟通，合理调整日程安排。

出差后的工作：及时向领导汇报出差期间公司内部各项事务的进展，整理出差资料并形成书面报告，向领导认为重要的合作方致以感谢函，处理各种差旅费用报销，跟进业务后续事宜等。

四、文秘日常工作中的注意事项

文秘人员除了要有过硬的业务知识，还需要积极主动地处理好人际关系。

秘书作为领导与一般职员之间沟通的中介和桥梁，应该有开朗的心态、积极的态度，尽可能维护上下级之间、同事之间的团结合作。秘书在传达领导的指示时不应该趾高气扬，或者隐瞒欺骗；同样，秘书在反映职工情况时不能夸大其词，无中生有。要本着良好的心态，不能制造矛盾，还要尽可能防止领导和员工之间出现矛盾。另外，领导布置给秘书的工作也常常会需要各个部门的配合分工，因此良好的人际关系也能让秘书与每个部门的人员和睦融洽地相处，并获得各个部门的理解、支持、帮助和信赖。秘书工作的性质决定了他必须具有合作协调的精神，如果没有良好的沟通能力，秘书工作就会变得寸步难行。秘书要扮演好"润滑剂"的角色，降低单位人员之间无谓的纷争，提高工作效率，促进企业的发展。秘书在日常的工作交往当中，应当注意以下几点。

（一）正确理解领导的指示，积极主动与领导沟通

秘书每天都要完成大量纷繁复杂的工作，不管是否重大，是否领导亲自下达的，在接到任务的一开始，就应当对所有细节加以确认核实，将一些似是而非的地方——明朗化，才能圆满出色地完成工作。有的秘书不习惯主动与领导沟通，领导布置任务之后，立刻按照自己的理解去行动，结果出现重大失误。

小西的领导对她说："请帮我把出差的车票订好。"小西二话不说就赶紧给领导买好了普通火车票。领导出发当天才发现小西买的是普通火车票，其实领导想要坐动车。其实，小西在订票之前，完全可以先跟领导确认："您的意思是让我买普通火车票还是动车票？"

（二）忌不懂装懂、硬着头皮乱做

孔子说，"知之为知之，不知为不知，是知也"。有位初入职场的秘书，从未使用过复印机，领导让她复印资料。她认为自己虽然没有使用过复印机，但经常看别人复印，应该可以操作，结果不但没有复印出文件，反而将纸夹入复印机取不出来，造成设备故障。因为这件事，她没有给领导和同事留下良好的第一印象。一些初入职场的秘书应当加强训练自己的实际操作能力，千万不能不懂装懂，大而化之，一定要及时地向他人虚心请教。只要自己态度端正，谦恭有礼，摆正心态和位置，相信单位的同事们都会乐于指教的。

（三）正确对待错误与批评

犯错误的时候，不要怕丢面子，一定要勇于承认错误，并当面向他人道歉。对来自同事或者领导的指责批评，不能有怕丢面子的想法，更不能怀恨在心，日后伺机报复。正确的做法是首先反省并检查自己的心态和行为，有则改之无则加勉，然后争取与同事加强沟通，只有善于反省、勤于交流，及时总结经验，才能获得真正的成长和进步。

（四）关系好不等于没礼貌

秘书经常与领导和其他同事有工作往来，因此会比较熟悉。虽然关系熟，但也不能忘记礼貌。工作场合不要随意和他人称兄道弟或将上司称呼为"老大"。工作时与他人勾肩搭背、拍拍打打甚至嬉戏打闹，都是过于随意的做法。

王红是一个美妆公司的经理秘书，她和经理年龄相差不大，又都是女性，都喜欢化妆品、漂亮衣服、好看的包等，因此有很多共同话题，关系比较亲密。她经常在单位大声直呼领导姓名，甚至给领导起了一个无伤大雅的外号。领导觉得同事之间应该放松一点，因此也没有太在意。然而，有一次，在公司和合作伙伴签约的严肃场合，王红依然在对方面前和领导大声开玩笑，让领导非常尴尬难堪。签约结束后她严厉批评了王红。这件事说明，秘书在工作场合对领导和同事一定要保持礼貌的态度。

（五）不要贪图小便宜

文秘人员在日常工作中要严格做到"公私分明"，切勿贪图小便宜，否则会导致单位利益和个人形象受损。尽量不用单位的电话打私人电话，不要把单位的稿纸文具用于私人用途，不要用单位的电脑、复印机、打印机等电子设备处理私人事情。另外，与同事之间即使私人关系良好也要注意"礼尚往来"，尽量不要发生金钱往来。无论是对单位同事还是对其他人，都不要白吃白喝，贪图小便宜。

莉莉是政府工作人员，也是领导办公室的秘书，平时他们部门不忙的时候，她喜欢用办公室电话与家人煲电话粥，而且说话声音比较大，影响了整个办公室的同事。此外，她还经常用办公室的打印机为她儿子打印大量学习资料等私人文件，办公室同事着急用打印机时却没有墨了。领导了解情况后，在员工大会上严厉地批评了她。

（六）与异性相处时要注意分寸

在工作中，男性和女性是平等的，不能歧视异性，要尊重异性，绝对不可以对异性动手动脚或进行言语上的骚扰。要尽量避免不必要的身体接触，也不要随意侵犯对方的私人空间。单独寒暄时，不要涉及两性话题。平时也不要随意评论异性的外形或谈论他们的隐私。

（七）常常感谢他人

得到了他人的帮助，哪怕对方仅仅给自己倒了一杯水，也要认真地说一声"谢谢"。懂得感恩的人，会让他人感受到助人的快乐。

（八）谨言慎行

文秘人员在工作场所一定要言行谨慎。单位的休息室、洗手间是让人放松的场所，但同时也是单位的公共场所。在这些地方，常常会有其他部门的人或单位以外的人，因此不要在这里随意地说笑或议论他人。同样，在单位的电梯或走廊里，也不要随便"发言"。在会议中或会见客人等正式的场合中，更要注意谨言慎行，不要给他人留下鲁莽唐突的印象。

★课后思考和练习

1. 秘书应该如何界定自己的职责范围？
2. 日常工作中秘书需要注意什么？

第二节 请示与汇报的礼仪

请示汇报是秘书在单位里的一项经常性工作。所谓请示，是文秘人员在工作中遇到问题时，需要上级领导给予答复而向上级领导机关提出请示；汇报是文秘人员向领导所做的情况反映和汇报。请示必须在工作开展之前或工作进程中进行，待上级领导批准后执行；汇报通常在某项工作完成和结束后进行。这就是我们常说的，秘书要做到"事前要请示，事后要汇报"。

初入职场的秘书，需要学习区分界定属于自己可以自行处理的事务和需要请示领导的事务。一般情况下，属于正常文秘人员职责范围内的日常事务需要文秘人员自行处理，不需要向上级报告。只有遇到新情况或新问题，自己不能做出判断时，才需要请示上司。其实，职场内上下级之间工作上的请示汇报，是有一定规律可循的，掌握了这些规律，可以帮助我们更好地做人做事。在请示汇报前，我们有必要理一理头绪，让自己思路清晰。

一、请示与汇报的程序

一般来说，秘书在经过一段时间的工作后，会发现请示和汇报是自己工作中非常常见并且重要的一部分，甚至是每天都要做的工作，因此，刚刚从事秘书工作时或与新领导磨合的初期，秘书有必要列出请示汇报的程序并且深入分析每个程序的特点。

首先，要认真记录领导每一个或大或小的指示，不管事情大小都需要及时完成，不能因为某些事情太小就推后甚至忘记去做，只做一些重大事情。当领导布置完工作后，应该明确到人，知道这个工作的负责人是不是你，或者需不需要你安排给别人。这个时候可以利用传统的快速记录方法先将领导的指示记录下来，再一一分析完成，应该记录下事件的时间（when）、地点（where）、执行者（who）、目的（why）、需要做什么工作（what）、怎么样去做（how）、需要多少工作量（how many）。记录完毕，加入自己的理解和思考后简明扼要地向领导复述一遍，看是否有遗漏或者自己没有弄清楚的地方，请领导加以确认。如果领导对你的理解点头认可了，那么你可以进入下一个步骤。

其次，经过自己对工作的进一步分析思考之后，再次将自己的思考结果与领导进行探讨。领导布置完工作后，如果是小事很有可能会忘记，这时你要在及时处理后告诉他，如果是大事则会想知道你对该问题的解决方案，他希望下属能够对该问题有一个大致的思路，以便在宏观上把握工作的进展。作为下属，必须要在接到工作后第一时间积极思考和分析，而不是将工作抛之脑后、束之高阁，需要尽快对即将负责的工作做出细致分析和深刻的认识，然后告诉领导你的认识和初步解决方案，尤其是对可能在工作中出现的困难既要有充分的认识，又要能提供一定的解决方案，而对自己实在无法解决的困难，则应该提前请领导协调别的部门加以解决。之后要拟订详细的工作计划并汇报给领导。在明确工作细节并和领导讨论后，应该尽快拟订一份最终的详细工作计划，再次交由领导审批。开始工作之后，需要随时向领导汇报工作进展，让领导了解工作的进展情况，还要及时听取领导的意见和建议。

最后，当大家齐心协力共同努力完成了一项工作时，应该及时对此次工作进行总结汇报，总结成功的经验和其中的不足之处，以便在下一次的工作中改进和提高。在总结报告中，一定要对领导的决策作用和同事之间的分工合作进行全面总结，不能只提自己一个人所做的工作。至此，一项工作的请示与汇报才算基本结束。

请示与汇报其实就是现代人各种沟通方式中的一种，如果在工作中运用得当，就是和领导进行畅通沟通的主要渠道。如果能把每一次请示汇报工作都做得完美无缺，领导对你的信任和赏识也就会慢慢提高了。

二、请示与汇报的基本态度

秘书要想做好请示与汇报工作，除了要把上述程序安排得当，按计划完成之外，还要特别注意自身对待请示汇报的基本态度，也就是我们常说的心态问题。调整好自己在请示汇报过程中的心态非常重要。我们需要遵循以下几种基本态度。

首先，在请示汇报过程中对领导尊重而不吹捧。作为下属，我们一定要充分尊重领导，在各方面维护领导的权威，支持领导的工作，这也是下属的本分。对领导的尊重可以表现在对领导在工作上要支持、尊重和配合；对领导的生活也可以适度关心，但要把握好尺度和分寸；当工作中出现难题时，有时领导会由于地位角色的原因不方便出面，需要下属主动出面，化解矛盾，承担责任，这时下属要敢于为领导排忧解难。

其次，时刻记得领导需要的是请示而不是依赖。一个合格的秘书不是时时请示、事事请示，遇到任何大小事务都没有主见，工作上出现的任何事情都不敢做决定，害怕承担责任与风险。这样做非常不可取。在自己职权范围内大胆负责、合理完成相关的工作，是非常值得提倡的，也是秘书的基本职责。确实需要请示汇报的必须请示汇报，但不要一味依赖、等待。

再次，要做到主动思考，对工作要积极主动，敢于直言，善于提出自己的意见。在处理与领导的工作关系时一定要避免一些错误的认识：将领导绝对权威化，领导说怎么干就怎么干，把自己的责任撇得干干净净；清高孤傲、自视甚高，对领导的工作甚至举止行为都看不惯，领导布置的任务不认真落实，阳奉阴违，或者消极怠工。这些都是不可取的行为。秘书应该做到既能维护领导权威，维护单位的内部团结，又能合理行使和承担自己的权利和职责，不擅自超越自己的职权。

最后，由于每一位领导都是独特的个体，风格不同，因此没有一个绝对的适合所有领导的沟通方法。秘书只要能够细心地分析每一位领导的性格，揣摩他性格的独特之处，在与不同领导交往的过程中"看人说话"，运用不同的沟通技巧，就一定能获得更好的沟通效果。

比如，坚定果敢的领导需要秘书汇报沟通时简明扼要、干脆利落、直截了当，开门见山地快速说明问题。平和、喜欢互动的领导希望部下能与自己开诚布公、毫无隔阂地谈问题，即使员工对工作或者他本人有不满和意见，也希望大家能够摆在桌面上交谈，厌恶打小报告、闲言碎语地发泄不满情绪的下属。务实细致型的领导则在工作中更倾向于用数据和事实说话，不喜欢感情用事。不同的领导有不同的性格，千人千面，他们为人处事自有一套标准，秘书汇报工作的方法也要"因领导而异"。

此外，秘书还需要掌握一些说服领导的基本技巧。

（一）选择合适的时间

根据经验，上午十点左右一般是比较适合向领导汇报的时间，因为这个时候领导可能刚刚处理完一些相对紧急重要的业务，会感觉比较轻松愉悦，同时一般也会在这个时候安排当天的工作。如果你能利用好这个时间以委婉的方式提出一些需要汇报的意见或建议，会比较容易引起领导的思考和重视。另一个比较合适的时间就是下午午休结束后的半小时，此时领导可能会有更好的体力和精力，比较容易听进去别人的建议。总之，要选择领导时间充裕、心情舒畅的时候提出改进方案。

（二）做好准备工作

单纯的口头表达，而且表达的内容没有经过调查，没有证据支撑，就没有太大的说服力。因此，汇报还需要事先分析整理好相关的数据和资料，最后做成书面材料，甚至是比较精美的 PPT 或者 PDF 文件。这样一来，借助视觉的力量，就会更有说服力。只有有备而来，对领导提出的各种问题才能对答如流、从容应对。

（三）用语简洁，重点突出

与领导交谈一定要简单明了，实事求是，千万不要东拉西扯，谈一些无关紧要的事情，耽误领导的宝贵时间。

（四）态度合适，不卑不亢

与他人交谈时，不但要考虑言语因素，还需要考虑自己的态度、语气以及肢体动作等，这些非言语因素在交际过程中也发挥着至关重要的作用。面对领导时，我们还要做到表情自然、不卑不亢、谈吐文雅、举止大方。

三、汇报的注意事项

我们一般将汇报工作分为"主动汇报"和"被动汇报"。主动汇报即把自己在工作中遇到的问题主动向领导进行汇报。被动汇报，就是领导想要听秘书对某事的汇报，一般是领导问什么就回答什么。这种汇报的内容一般是单位或本人在特定的时间内某一方面或几个方面工作的开展情况。无论是主动汇报还是被动汇报，都应把握好以下五个关键点。

其一，明确目的。这是一个具有根本性、方向性的问题，涉及汇报的主题思想。可以说，这个问题解决好了，汇报就成功了一大半。主动汇报要做到问题合理明确，对问题思考深入，资料准备充分。被动汇报则需要提前揣摩领导的意图，多多思考，从全局角度思考汇报的工作内容，着重需要思考领导要听的内容与当前中心工作的关系是什么，领导平时有什么习惯，要把所有的事情琢磨透彻。只有充分准备，有的放矢，才能得到领导的肯定，给大家留下好印象。

其二，抓住重点。根据汇报目的和领导的要求，选择重点内容，找准切入点。不能不分主次，面面俱到，这样既抓不住领导的注意力又不能引起领导的思考，往往会适得其反。重点考虑领导最想听、最关心的内容，还要说说自己认为最能表现成绩的事情，或者最出色的工作。如果说汇报的目的是"主线"，那么汇报的重点就是"主干"。

其三，不说废话。根据汇报的要求和重点，认真准备，列出提纲或形成文字材料。这样才能分清主次，有重点地在有效时间内汇报完内容。另外还需要尽量做到繁简适度，表达得体。

其四，灵活把握。有时在汇报中领导会提出一些要求，比如汇报内容的增减、对一些问题的关注程度、汇报时限的变化等。遇到这类情况时要调整汇报思路，这也是对应变能力的考验。一般来说，即使领导需要听的汇报内容和你准备的有所偏差，也要尽量把自己准备的话说完，这样就能先入为主，给人留下深刻印象，让领导觉得你的汇报虽然不是十全十美的，但也还算有所准备，这样就能变被动为主动，收到比较好的效果。

其五，实事求是。不管是主动汇报还是被动汇报，工作中都必须本着认真负责、实事求是的态度，无论用怎样的话语，汇报内容一定要建立在事实的基础之上，不能凭主观想象随意编造，更不能弄虚作假欺骗领导。这既关乎个人的职业道德，也是诚信问题。

总的来说，请示与汇报是日常沟通中必不可少的一项工作。秘书在请示时应该注意：了解上司是做好秘书工作的前提。有经验的秘书会做到既不给领导出难题，让领导陷入两难境地，也不当甩手掌柜。在汇报之前，秘书需要做充分准备，这样在领导询问时才能做到对答如流。

薇薇现任一家世界500强企业的销售主管。十几年前她刚刚入职做办公室秘书时，由于不知道汇报和请示的基本沟通方法，常常面对工作不知所措，比如领导给她布置了任务，她明明知道任务中有很多困难，但还是不敢找领导说明情况，经常是连续熬夜加班也没有完成工作。事后领导批评她时，她哭着说自己一个人不能完成，领导就更加生气地责问她为什么不早点汇报。除了在与领导的沟通过程中出现过问题，她在与其他同事的相处过程中也出现过大大小小的问题。给小组成员开会的时候，组员会告诉她一些合理的建议，但她却不能认真倾听，还把组员批评一通，最后所有组员都不愿意向她汇报，也影响了工作进展。慢慢地，在工作过程中，薇薇终于明白了自己的问题，她也不断学习汇报、请示等与人沟通的技巧和策略，工作做得越来越出色，晋升为知名跨国公司的主管。

★课后思考和练习

1. 请示与汇报的基本程序是什么？
2. 如何高效地说服领导？

第三节　接待礼仪

交往活动是人类社会中一项非常重要的活动。一个单位时刻都处在社会的大交际活动范围中，而接待活动是交际活动最基本的呈现形式，因此接待礼仪十分重要。良好的接待礼仪是人们表达美好情谊、体现礼貌素养的重要途径。如果能给对方留下良好的第一印象，就可以为下一步的深入接触打下重要基础。

接待工作是秘书工作中一项非常复杂的工作，需要秘书考虑周全，稍有不慎就会出问题和差错。它也反映了一个单位的形象，反映了单位员工的素质。秘书在接待工作中必须做到热情周到、耐心细致、规范有序，充分发挥职能部门的作用，以实际行动树立现代企业机关的新形象。

一、准备工作

认真细致地做好接待前的准备工作是保证接待工作质量的前提。

首先，需要与到访客人沟通情况。秘书接到接待任务之后，需要与到访客人提前联系，确定对方的来访人数、来访目的、参加活动的方式以及具体要求等，然后要预订酒店、安排餐饮以及活动的场所、接待车辆等。

其次，秘书在做完上述工作后，需要周密细致地安排具体行程，充分考虑进一步的接待工作，包括准备所需材料及其他注意事项等。务必要做到分工合理，每项工作都要有人负责、有人承担、有人落实。还要及时向领导汇报工作进展，征求领导的意见，按照领导的指示进一步完善接待工作。

最后，等待迎接客人。提前详细安排办公室有关人员的接待工作，让每个参与人员都明确自己的职责和任务。事先准备好开会时所需的水果、茶水等接待物品，通知餐饮部门做好桌次的安排、就餐的准备工作。各项细节都必须考虑周到，确保万无一失。

接待工作千头万绪，秘书必须要做好非常详细的部署和安排，争取每个工作都提前考虑到位，每个工作都有人落实，而且还要做好充分准备，以备不时之需。计划要周详，行动要谨慎。接待人员必须养成认真细致的工作习惯。在接待工作中，秘书应注意以下几点。

第一，迎接来宾时，主办方应该提前恭候客人的到来。如果领导不能亲自迎接，可以在显著位置设立一个迎接台，为远道而来的客人送上关怀和问候。

第二，接到客人后，对客人要礼貌问候，可以用一些礼貌用语，比如"欢迎您的到来""欢迎您光临我们公司""一路辛苦了""辛苦您了"等。然后向对方做自我介绍，如果有名片，可递送给对方。

第三，提前帮客人办好住宿手续，同时向客人介绍此次活动的计划、日程安排。如果客人有参观游览的计划，可以送上准备好的地图或旅游图、名胜古迹等介绍材料。

第四，需要重视前来访问的外国客人的航班、车次等信息，提前了解客人国家的一些基本交际礼仪，如有翻译随行也要安排好翻译的大小事务。

二、接待服务

在具体接待工作中，秘书要安排好迎接、会务、餐饮、送行等工作，并注意做好协调配合，使各个环节衔接妥当。

迎接领导时还要注意自身行走的位置、问候握手时的动作、介绍领导的顺序及会议座次的安排等。会务过程中的服务细节也要注意，服务人员倒水要定点定时，每隔 15 或 30 分钟到会议室倒水。倒水时，动作幅度不可过大或者倒得太满。客人的餐饮安排需要提前征求意见，及早安排。提前了解一行人中有无少数民族或其他注意事项。另外还要注意送行的礼节。各项活动、议程结束后，应安排好送行服务，提前通知司机到大厅门口等候领导。在领导上车前，握手送行；上车后，挥手告别，待客人乘坐的车辆启动后再离开。

此外，接待人员还应该掌握正确的引导方法和引导姿势，具体如下图所示。

图 3-1 引导礼仪

在较为狭长的走廊引导客人时，接待人员应该走在客人稍前方，让客人走在靠内侧的位置。

引导客人走楼梯时，如果是上楼，接待人员应该让客人走在前面，自己在后面走；如果是下楼，接待人员应走在前面，客人在后面走。上下楼梯时，接待人员应该留意客人的安全。

图 3-2　上楼梯时的引导

引导客人乘坐电梯时，接待人员应该先进入电梯，等客人进入后再关闭电梯门。到达楼层时，接待人员按开门的按钮，让客人先走出电梯。

在会议厅内引导客人时，当客人走入会议厅后，接待人员用手提示请客人坐下，看到客人坐下后，才能行点头礼然后离开。如客人错坐下座，应请客人改坐上座（一般靠近门的一边为下座）。

此外，还需要注意内推门和外拉门的不同引导方式（如下图所示）。

图 3-3　内推门的引导　　　　图 3-4　外拉门的引导

三、接待后总结

整个接待活动结束后，接待人员要对本次活动做出全面的总结，看看哪些方面是领导最满意的，哪些方面还存在一些问题或不足。好的方面要继续发扬，不足之处注意改进。接待人员还要通过总结不断提高接待质量和效率，使今后的接待工作分工明确、层次清楚，为给来访客人留下良好印象而努力。另外，工作人员还要多注意平时的学习积累，了解并掌握各方面的知识，特别是对本单位的情况要了如指掌，以便更好地做好接待工作。单位也要不断培养员工的团队合作精神，打造一个具有人文关怀的友爱集体。

★课后思考和练习

1. 接待人员应该如何迎接客人？
2. 在引导客人时要注意哪些问题？

第四节　拜访礼仪

一、拜访前的礼仪

"凡事预则立，不预则废"，拜访前的准备工作一定要做充分。拜访前最重要的工作就是与被访者进行电话联系，也可以用短信、微信或者电子邮件联系，但是最好还是能用电话做最终的确认。联系时先将自己的基本信息，如姓名、单位、职务等信息告知对方，再礼貌地询问被访者是否有时间以及何时有时间接待自己。然后说明访问的缘由和内容，在对方同意后敲定具体的访问时间和地点。一般来说，下午四点左右或晚上八点左右是最恰当的拜访时间。最后，向对方表示感谢。

拜访要做到守时守约。守时是人们交往中极为重要的礼貌。失约是很失礼的行为。参加各种活动都应按约定的时间到达。如果到达太早会使主人因为没有准备好而感到难堪；迟迟不到则又会让主人和其他客人等候过久。如因故迟到，要向主人和其他客人表示歉意。万一因故不能赴约，要有礼貌地尽早通知主人，并以适当的方式表示歉意。拜访也可以由主人发出邀请，注意无论答应或拒绝都要及时告诉对方，以免让主人焦急等待。一旦答应了主人的邀约就一定要守约，没有特殊原因不能失约。拜访前要花一些时间整理自己的仪表并搭配合适的服装，应该使自己保持良好的状态，以示对主人的尊敬。

二、拜访中的礼仪

（一）敲门或按门铃

不管是到拜访对象家里还是办公室，事先都要敲门或按门铃，等到有人应声允许进入或对方出来迎接时方可进去。不打招呼就擅自闯入，即使门原本就敞开着，也是非常不礼貌的行为。敲门时要注意力度适中，敲三声后等待回音，如果没有应答，可以稍微增加力度再敲。

（二）注意物品的搁放

跟随主人进入房间后，可将自己携带的物品、礼品以及所穿外套等，按照主人指定的位置放置。拜访时如带有雨具等，应该搁放到主人指定的地方，不应当乱扔、乱放。

（三）主动与室内的人打招呼

如果带孩子或其他人来，要主动向主人介绍，并教孩子如何称呼。对在场的拜访对象的家人或其他人，均应一一问候。问候顺序应该是先老后幼、先女后男，也可以按照对方的介绍顺序问候。一般来说，如果有其他客人在场，对方会主动向你介绍。如果对方没有介绍，你要主动与其他客人打招呼。否则，别人会对你产生排斥心理。在和主人交谈时，应注意掌握时间。有要事必须与主人商量或向对方请教时，应尽快表明来意，不要东拉西扯，浪费时间。

（四）注意行为的礼节规范

跟随主人进屋并入座后，要注意坐姿，不要太过随便，即使是十分熟悉的朋友，跷二郎腿、双手抱膝、东倒西歪也都是不礼貌的行为。如果主人家里其他成员也在家，要微笑点头致意；若主人送上茶水，应从座位上欠身，双手接过，并向主人表示感谢。主人不让座不能随便坐下。如果主人是年长者或上级，主人不坐，自己不能先坐。主人如果拿出食物等，要等年长者或其他客人拿取后自己再取用。

（五）控制好拜访时间，掌握谈话技巧

拜访者一般不宜在主人家停留时间过久，要根据情况控制好逗留的时间，掌握好交谈的技巧。与主人交谈要善于察言观色，选择时机表明自己拜访的目的。如果主人情绪较好、谈兴较浓，可以多停留一段时间；如果发现主人心不在焉，说明主人有厌倦情绪，应该及时收住话题，适时起身告辞。起身告辞时，要向主人表示自己的谢意。出门后，主动伸手与主人握别并请主人留步，待主人留步后自己再次回头向主人挥手致意。

（六）讲究用餐礼仪

在别人家用餐要注意卫生，文雅进食，不要慌乱，如果刀叉碰出声音，可轻轻向主人说一声"对不起"。如果不小心将酒水打翻溅到邻座身上，可在表示歉意后协助擦干；但如对方是异性，把干净的餐巾或手帕递上即可。

三、商务拜访礼仪

日常工作中，由于各种业务原因秘书会需要拜访他人，这时要在礼节上多多注意，不可失礼于人，有损自己和单位的形象。商务拜访是商务交往中最经常的活动，为了使拜访取得成功甚至带来经济效益，一定要有备而往，注重细节。拜访前一定要预约，预约时要注意说话语气并根据情况确定预约时间。电话拜访常遇到的不顺的情况有：总机不愿转接，负责人不在，拨不通或无人接听，对方不愿多谈立即将电话挂断。遇到这些问题时，秘书要积极采取应对措施，争取成功预约到对方。

预约成功后要准备好所需的文件资料和名片，整理好服装仪表，考虑好谈话的内容，了解拜访对象的基本情况。工作拜访最好选在周二至周五，拜访时间最好选在8：30至9：00，若因故失约要及时说明并表示歉意。

当所有准备工作都做好后，下一步就是准时赴约了。务必准时赴约，不让别人等待，无论什么时候迟到都是一件严重失礼的行为。如果有紧急的事情，不得不晚到，必须通知你要见的人；如果不方便打电话，请别人为你打电话通知一下；如果遇到交通堵塞，应通知对方自己要晚一点到。如果自己早到了，可以利用这段时间整理资料，准备见面时的谈话内容。如果你临时有事需要离开，可以向助理解释一

下并另约一个时间。不管你对要见的人有多么不满，也一定要对接待人员或助理有礼貌。

双方见面时，做完简短的自我介绍后就要尽可能快地将谈话引入正题，清楚直接地表达你要说的事情，不要讲无关紧要的事情。谈话过程中要有礼有节，不能只是自己说而不愿意倾听，或者不停打断对方说话，如果你有其他意见的话，可以在对方讲完之后再说。当主人有结束会面的表现时应立即起身告辞。一定要在到访前联络妥当，不告而访非常失礼。到客户办公室前，最好先稍事整理服装仪表，准备好名片与所需的资料。若是重要约会，拜访之后给对方寄一封感谢函，这样会加深对方对你的好感。

四、日常公务拜访的基本礼仪

（一）引见时的礼仪

到办公室来的客人与领导见面，通常由办公室的工作人员引见、介绍。秘书在陪同客人去见领导时，不要步伐太快或者太慢，或者只顾自己闷头走路，可以适当闲聊几句或者大概介绍一下本单位的情况。到达领导办公室后，得到允许后方可进入，不可贸然闯入。进入领导房间后，应先问候领导再把客人介绍给领导，介绍时需要用手示意但不可用手指随意指对方。介绍的顺序一般是把身份低、年纪轻的介绍给身份高、年长的，把男同志介绍给女同志。

如果有多位客人同时到访，就应该按照职务高低进行介绍；如果是一男一女两人，则应该先介绍女士。

1. 握手礼

握手是一种常见的交往礼节，是交流感情的一种方式，既可用于陌生人之间，也可用于熟人之间。握手是表示友好的一种交流方式，可以加深双方的理解、信任，可以表示尊敬、鼓励等多种情感。与他人握手时，身体以标准站姿站立，上身微向前倾，伸出右手后拇指张开，其他四指并拢，掌心与地面垂直。握手时，用力适中，注视对方，微笑点头，切不可心不在焉，左顾右盼。握手的时间一般是3到5秒。

2. 鞠躬礼

鞠躬，意即弯身行礼，是对他人表示尊敬的一种礼节。鞠躬时必须立正、脱帽。鞠躬时应注视对方，以示尊重。当与客人交错而过时，应面带笑容，行15度的鞠躬礼；当迎接或送走客户时，可行 30 度的鞠躬礼；当感谢客户或初次见到客户时，可行 45 度的鞠躬礼。

3. 致意

致意，是一种不出声的问候礼节。在社交场合，人们往往会用招手、欠身、点头、脱帽、比手势等方式进行致意。

(二) 乘车礼仪

当秘书陪同领导及客人外出坐车时，一般尽量让领导和客人先上车，自己后上。秘书要主动为领导和客人打开车门，待客人坐稳后再关门，一般车的右门为上位，因此可以请客人从右门上车。陪同客人时，要坐在客人的左边。

(三) 递物与接物礼仪

递物时要用双手，表示对对方的尊重。例如在递换名片时，应用双手恭敬地递上，且名片的正面对着对方。接过名片后要仔细看一遍或有意识地谈一下名片的内容，不可接过名片后看都不看就塞入口袋，或者随便扔进包里。

图 3-5　递送物品

(四) 会议礼仪

会议的通用礼仪，主要有以下几点。

(1) 会议通知应既简洁明了又信息齐全，同时还要礼貌恭敬。

(2) 会议通知必须写明开会时间、开会地点、会议主题及参加者等内容。会议通知要提前发出，不能因时间太紧张而让人毫无准备。

（3）安排好会场。会场的大小要根据会议内容和参加者的人数确定。最好能提前贴好路标以备参会者快速找到会场。

（4）开会的时间宜紧凑。会议宜短不宜长，要集中精力有效地利用时间，讨论实质性的问题。

（5）凡是一些大型或中型会议，对会议参加者要认真做好迎送工作。一般情况下，举办会议之前都要成立会务组，专门处理接送会务人员等相关事宜。

五、拜访的一些注意事项

（一）"四个限定"

1. 限定交谈内容

不适宜一见面就喋喋不休或高谈阔论、东拉西扯，谈许多和约定话题无关的内容。如果大家谈兴较浓，可适当谈一些轻松愉快的话题，但交谈之中不能跑题。

2. 限定交际人员

当拜访他人时，如果恰好别人也来拜访这个人，那么你的交际对象应始终是他，对其他不认识的人，不宜做深入交流，保持适度的寒暄即可。如果主人家还有其他人，他们正在交谈，你也不宜贸然地插话。

3. 限定交际空间

在主人指定的地方就座。一般来讲，客人应该在主人身后，尾随主人进入客厅。然后在主人要求的就座之处就座。这时候需要先请长辈就座，其他人再依次坐下，如果是同辈，则可同时入座，不可自己不管不顾地抢先坐下。活动范围要以客厅为主。到别人家做客，一般活动范围限制在客厅之内，如要去厕所，可向主人示意。因为有些比较讲究的家庭，会有两个卫生间，一个私用，一个供客人用，这种情况下不宜擅入私用卫生间。不经主人允许，也不宜到对方的书房东摸西碰，更不宜私自到对方的卧室休息。这都是缺乏基本素养的表现。

4. 限定交际时间

根据双方约定好的时间交谈，适可而止。也可根据现场情况随机辞行。如果发现主人精神不佳或是频频看表，便可以起身告辞了。如果有新客人来访，可向新客人打过招呼后告辞，以免妨碍他人交谈。

（二）辞行的技巧

1. 适时告退

如果没有约定时间，一般性会面时间在半小时或一小时为宜；也可根据情况在谈话结束时适当延长或适时提前离开。如主人临时有事或有其他客人光临，就应及时告辞。

2. 向在场的所有人告别

拜访要善始善终，离开时除了向主人表示谢意之外，还要向对方的家人以及所有在场客人都表示谢意以及告别。如果不宜打扰其他人，可轻声私下向主人道别。

3. 告别时不宜拖泥带水

如果主人有事，他的挽留只是客气话，不宜欲走还留，犹豫不决。再者，也不适合在门口和主人长时间话别，正所谓"客走主安"。

4. 回家后向主人报平安

远道而来的客人或晚上回家的客人应该在回家之后主动向主人报平安。在国际交往中，到外国朋友家做客，受到对方款待，归家后要打电话向对方表示感谢。

★课后思考和练习

1. 拜访前要做什么样的准备工作？
2. 拜访时还需要特别注意哪些事项？

第五节　电话礼仪

我们今天生活的时代，电话、电脑、手机等信息化工具对人们的联系交流起到了难以估量的重要作用。几乎没有人能离开手机。在商业领域，电话行销能够使公司的工作效率大幅提高，电话服务可以提升客户服务质量，因此接打电话的技巧直接关系到企业的形象及服务质量。良好的电话礼仪可以促进人际关系的和谐发展，帮助企业树立良好的形象。电话礼仪有以下一些基本规范。

首先，不打无准备之电话。打电话的人作为主动行为者，应该考虑被动接听者的感受。拿起听筒前，应明白通话后该说什么，思路要清晰，要点应明确。尽可能在最短时间内简洁清楚地把事情说明白。

其次，要选择适当的通话时间。原则是尽可能选在工作时间，尽量不在对方休息时打扰他。

再次，要注意说话礼貌，始终要用礼貌语。打电话时，应先简要问候、自我介绍并说出要求通话的人。接听电话时，用礼貌用语说出自己的单位名称。进行礼貌的交谈之后，提醒需要挂电话并以"再见"等礼貌语结束交流。

最后，还要注意转接电话要有分寸。如果对方要找办公室其他同事，接到电话后就应该热情地告诉对方如"好的，请等一下，我去叫他"，然后用手捂住话筒叫同事来接电话。如果同事不在场，接听者应客气地问"您需要留言吗""我需要转告什么吗"，切忌只回复"不在""没看到"，然后立即挂断电话。

一、办公室接听电话的礼仪

首先，要及时接听电话。电话铃声一响起，就应立即放下手头的事情去接听，而不是任电话不停地响而自己却充耳不闻。一般认为在铃响三声之内接电话最为适宜。如有特殊原因，致使铃响许久后才接，要在和对方通话时向其说明情况，表示歉意，然后尽快确认双方身份。

其次，接听电话时要专心。接电话时与其他人交谈、看文件、看电视都是不礼貌的行为，接电话时吃东西也非常失礼。如果在会晤贵宾或会议期间接到电话，可向其说明不能立即通话的原因，并许诺稍后再联系。代别人接电话时要特别注意讲话顺序，首先要礼貌地告诉对方自己是谁，然后才能问对方是何人，所为何事，但不要询问对方和所找人的关系。尊重别人隐私，不要旁听别人通话，更不要插嘴。不要随意扩散对方委托你转达的事情。还要准确记下谈话的要点，最好用笔记下转达的具体内容，如姓名、单位、联系方式等，以免事后忘记。

最后，针对有些非常规电话，不要轻易发怒更不能出口伤人，正确做法是简短地向对方说明情况后挂断电话。有时候接起电话，问候多声却听不见对方说话，这时不可以不分青红皂白，认为是恶意骚扰电话而破口大骂。如果对方是恶意骚扰，应简短而严厉地批评对方，不必长篇大论，更不应该说脏话；如果问题严重，可以考虑报警解决。

二、接听电话的礼仪规范

公司有必要规范相关人员接打电话的用语，并让他们掌握一些电话接听的技巧。

（一）基本用语

您好；请；谢谢；再见（再会）；对不起；请稍等；不好意思；请原谅；劳驾；打扰了；好的；某先生/小姐；让您久等了；有劳了；抱歉；拜托；哪位；别客气；没关系，这是应该做的；请多提意见；谢谢您的支持……

（二）示范用语

请问有什么可以为您服务的吗？

请问您还有什么不明白的吗？

对不起，请稍等。

请别着急，我马上为您查询。

实在对不起，我们立即采取措施，让您满意。

对不起，请您留下联系电话，我们将在 3 天之内给您答复。

不好意思，我没有权限处理您的问题，请您留下姓名和联系电话，我负责将您的情况转告相关人员，然后尽快给您答复。

您提的宝贵意见，我们一定慎重考虑。

对不起，我个人目前无法解决您的问题，对您的境况我表示理解，我们将尽最大努力进行弥补，尽快给您答复。

没关系，这是我们应该做的工作。

您好！这里是×××公司×××部（室），请问您找谁？

我就是，请问您是哪一位？

请问您有什么事？（有什么能帮您？）

您放心，我会尽力办好这件事。

不用谢，这是我们应该做的。

×××同志不在，我可以替您转告吗？（请您稍后再打电话好吗？）

对不起，这类业务请您向×××部（室）咨询，他们的号码是……（×××同志不是这个电话号码，他的电话号码是……）

您打错号码了，我是×××公司×××部（室）……没关系。

您好！请问您是×××单位吗？

我是×××公司×××部（室）×××，请问怎样称呼您？

请帮我找×××同志。

对不起，这个问题……请留下您的联系电话，我们会尽快给您答复，好吗？

（三）禁忌用语

接电话时不能使用"说""讲"等词语。这是一种命令式的说话方式，既难以让人接受，又不礼貌。有的人在接听电话时，一接起电话马上说"说"或"讲"，或者多加一两个字"听到，说"，或者挂电话时生硬地说"挂了""就这样"。这样的用词和语气都让人极不舒服，显得说话人非常不礼貌，甚至很粗鲁无礼，对对方没有一点尊重。

（四）接打电话的姿势、语音及语调

姿势会影响发音，接打电话时，身体应保持端坐或站立，不可随意走动。接打电话时，声音不宜过高，嘴巴应与话筒保持 3 厘米左右的距离。接打电话时应该讲标准的普通话而不是方言，通话时也不应该说很多极具个人色彩的口头禅，发音要清晰不含混，语速保持中速，不夹杂太多个人情绪，语言简练准确，能够通过声音更好地为客户服务。

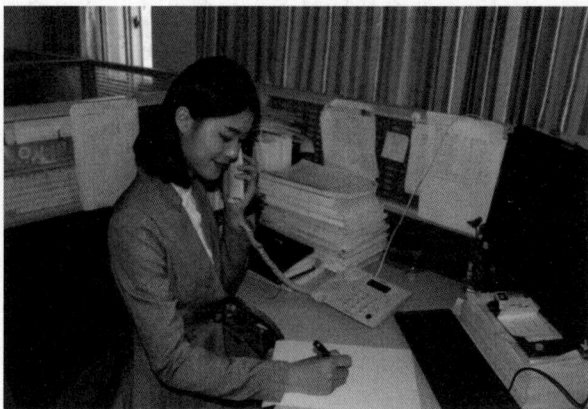

图 3-6　左手接电话，右手记笔记

（五）通话过程中的注意事项

（1）接电话时最好不要长时间沉默，要及时给予对方回应，比如"嗯""对的""是的""好"等话语，否则对方会以为你不在听或对话题没有兴趣。

（2）通话结束时，对对方说"再见"，等打入方先挂断，然后自己再挂电话。

（3）接打电话时，不可语气懒散、态度粗暴无理，也不可低三下四、阿谀奉承。

（4）通话过程中，如果电话忽然中断，再次拨打接通后，要说明电话中断的原因。

（5）不要在医院手术室外或者飞机上使用手机，以免干扰医院或飞机上的电子设备。

（6）当不使用手机时，请锁住手机按钮，以防意外拨打诸如 119、110、120 等特殊的电话号码。

（7）留意时差。若要联系国外客户，打电话前要搞清楚对方所在地的时间以及各国工作时间的差异，以免影响他人休息。

当今社会，电话是最方便快捷的通信工具，人们已经离不开电话，几乎每个人每天都要接、打电话。在日常工作中，接打电话的语言很关键，它直接影响一个公司的声誉；在日常生活中，人们通过电话也能粗略判断对方的人品、性格等。因此，掌握正确的、礼貌待人的接打电话方法是非常必要的。

情景对话

接线员：您好，××出版社，很高兴为您服务，请问有什么可以帮您的吗？

客户：你好，我想咨询一下，你们的"中国历史丛书"这套书有几个版本，分别是多少钱？可以便宜一点吗？

接线员：好的，我们有个非常详细的关于这套书各种版本的简介，麻烦您告诉我您的 QQ 号，我把资料发给您。您可以参考一下，有不理解的地方，可以向我们咨询。如果您的购买数量在 10 本以上，可以适当优惠。

客户：我没有 QQ 号。

接线员：那电子邮箱也可以，或者您的联系地址，我们给您邮寄过去。

客户：好的。我的电子邮箱是 123456@126.com。

接线员：还有什么可以为您服务的吗？

客户：没有了。

接线员：感谢您的来电，祝您生活愉快，再见！

★课后思考和练习

1. 办公室接打电话的基本注意事项是什么？

2. 接打电话的礼貌用语和禁忌用语分别有哪些？

第六节　会务礼仪

一、会务接待工作

（一）迎接客人的基本规范

1. 确定迎送规格

一般采取身份相同的原则，即主要的主客双方的职务相当，当一方的主要领导不能出面时，需要告知对方，并由职位相当的其他领导或由副职出面迎接，其他迎送人员不宜过多。

2. 掌握到达和离开的时间

准确掌握来宾到达和离开的时间，及早通知全体迎送人员和有关单位。如有变化，应及时通知有关人员。迎接人员应提前到达迎接地点，不能太早，更不能太晚，甚至迟到。送行人员应在客人离开之前到达送行地点。

3. 适时献上鲜花

迎接普通来宾，一般不需要献花。迎接十分重要的来宾时，可以献花。所献之花要用鲜花，并保持花束整洁、鲜艳，忌用菊花、杜鹃花、石竹花等。在领导欢迎握手完毕就可以献花了，可以只献给主宾，也可向所有来宾分别献花。

4. 不同的客人按不同的方式迎接

对大批客人的迎接，可事先准备特定的标志，让客人从远处即可看清；对首次前来，又不认识的客人，应主动自我介绍；而对比较熟悉的客人，则不必介绍，握手、互致问候即可。

5. 预留一定的休息时间

客人抵达住处后，不要马上安排活动，要给对方留一定的休息时间，然后再开始活动。

（二）称呼、介绍与握手

国际上，通常称呼男子为"先生"，称呼女子为"夫人、女士、小姐"。对已婚女子称呼"夫人"，对未婚女子称呼"小姐"；不了解婚姻状况的年轻女子可称呼

"小姐"，年纪稍大的可称呼"女士"。对地位高的官方人士，还可直接称呼其职务。

迎接客人时一般先将迎接人员按身份从高到低依次介绍给来宾。在中国的礼仪文化中，介绍完客人后紧接着就要握手。需要注意的是，伸手次序要由尊者决定。公务场合职务高、身份高者先伸手；非公务场合，年长者、女性先伸手。握手时忌用左手、忌戴手套、忌戴墨镜、忌手脏等。

（三）签约时的注意事项

签约适合选择较为宽敞明亮的地方，会场中间放置长桌和椅子，桌面覆盖深绿色台呢，桌后放两把椅子，为双方签字人的座位，主左客右。桌上摆放规范的文本和文具，如是与外方签字，桌子中间还需要摆上签字国的国旗。双方领导的秘书分别站在领导旁边，帮助翻文件，递笔，以及指明签字处。然后双方签字人员交换文件，签字完毕后握手。

（四）时刻保持良好的个人形象

个人形象是做好接待工作的基础，因此接待工作中要保持良好的个人形象，具体要做到以下几点。

第一，精神饱满自然，态度和蔼端庄。面、手、衣、履要洁净。说话客气，注意身份。公共场所应保持安静，遵守秩序，不打搅、不影响别人，遵时守约。

第二，多用礼貌用语。如您好、请、谢谢、对不起、再见。

第三，尊重隐私。尽量不询问对方的年龄、住址等。日常交往中，有的人最喜欢问这些问题，工作中一定要多加注意。

第四，体现女士第一。时时处处做到女士优先、保护女士。男女同行时，男士应走靠外的一侧，不能并行时，男士应让女士先行一步。上下车时男士最好能为女士开车门，进出门时也能做到男士为女士推门，上下楼或者进入无人领路的场所、遇到障碍时，男士应走在女士前面，为女士服务。就餐时，进入餐厅入座的顺序是：服务员引导，女士随后，接着是男士，入座时男士最好能主动为女士移动椅子，拿包等。

第五，着装要得体。着装是指一个人的穿衣打扮，包括服装和饰品等。着装要体现个人的整体性、美观性、和谐性。根据不同的时间、场合和地点选择合适的着装以及最适合自己的搭配，这样既能体现典雅性，又兼顾个人的美观性。一般来说，在公务、商务场合应该体现出庄重、严谨的特点，男士可穿西装套装，内着衬衫，搭配领带和皮鞋。女士在正式场合的标准着装是套裙，这既能体现女性典雅优美的姿态，也能体现女性专业干练的气质。女性在正式场合不宜佩戴过多配饰，选择一些精致的配饰可起到画龙点睛的作用，但如果配饰太多就会喧宾夺主，显得过于花哨不够大方。

二、会务工作

一场会议的主题确定好后，会议工作组要发放会议通知以便确定最终的参会人数。联系人员可以用多种方式通知对方，比如打电话、发电子邮件、发微信或短信等。不管用哪一种方式通知，一定要注意措辞要庄重、严肃。如果对方没有及时回复，就必须换一种联系方式核实对方能否参会以及是不是本人参加，以便正确摆放出席卡。

会议会场的选择主要依据人数多少、开会时间长短、距离远近、经济与否等。另外还要确定会标和宣传标语，尽量做到醒目而不出格，注意检查有无错别字。同时，还要根据参会人数以及会议性质决定要不要邀请媒体或宣传人员，以及准备哪种规格的礼品。

提前确定好参会人员、发言人员、领奖人员以及新闻媒体等特殊人员的座位。如果有发言人员，则需要在发言前 5 分钟请发言人员到达主席台后面靠近发言台的一侧，准备发言，发言后再请发言人回到自己的座位上。会前应准备好会议需要的所有电子设备，反复查看并检修，确保运行稳定。此外，还要做好会议的后勤保障工作。

如果会议结束后还有另外的室外参观活动，还要特别注意以下几点：精心选择参观点；选择恰当的参观路线，提前打印好地图和乘车路线分发给参会人员；确定好活动联系人、联系电话以及介绍人；安排好沿途的解说人和解说词等。

安排人员维持会场内外的秩序，保证车辆停放有序、整洁干净、数量充足，还要准备 1 台备用车。

三、会务礼仪

不管会议的主办方是本单位还是其他单位，秘书都应该协调好各个部门举办或者参加会议，同时将必要的会务礼仪告知全体与会人员。

参加会议时，我们每个人除了代表个人，更代表了工作单位，因此尤其需要重视个人形象。会务期间个人形象的总体要求是：得体、大方、整洁。同时，还应该按照会务组的要求着装。男士应注意衣领和袖口的整洁，穿衬衣时，不得挽起袖子或不扣纽扣，必须系领带，不得穿白色袜子；女士不得穿超短裙、低胸衫、透视装，穿裙子时一律穿肉色长袜或裤袜，不得穿款式夸张的鞋子。会务期间不论男女均要保持一致性，不得在衣着服饰上做文章，搞特殊化。会务期间必须佩戴工牌，工牌必须佩戴在外衣左胸的适当位置。

会务期间应使用文明礼貌用语，看见与会人员，要面带笑容主动向对方问好，同时点头示意。在工作间、走廊、就座区禁止喧哗吵闹，以免影响会场秩序。进门出门时，应确保随手关门，关门时手要轻，不可大力关门。倒水时，应将杯子拿离桌子，以免水渍污染桌面，同时注意手不要碰触杯沿。保持良好的卫生习惯，不乱丢垃圾，看到垃圾应主动捡起并投入垃圾桶内。发言人发言时，不可随意打断，如需插话，应先举手示意。会务期间，手机均应调至静音，不可在会议室附近接打电话。

会议过程中还有一些严格的禁忌。第一，迟到早退。参会人员必须按照规定时间在规定区域集合。第二，仪容不佳。参会人员应按照会务组要求着装、佩戴工牌，注意服装的整齐、洁净。第三，手机响铃。参会人员必须提前将手机调至静音。第四，随意走动。参会人员应注意自身的行为举止，不嬉戏、不打闹、不举止轻浮。第五，精神不佳。参会人员应保持最佳状态，不要出现打盹等精神状态不佳的表现。

★课后思考和练习

1. 举办一场会议要做好哪些准备工作？
2. 会场上需要注意哪些参会礼仪？

第四章　文秘的社交礼仪

第一节　握手礼仪

　　不同的民族有不同的见面礼节。日本、朝鲜、韩国等东亚国家喜欢使用鞠躬礼；在一些欧美国家，拥抱亲吻则是更为流行的见面礼仪。人们使用各种各样的见面礼仪，主要目的就是想要传达彼此之间的友好和尊重，进而建立起温暖和谐的人际关系。

　　在众多的见面礼仪中，无论是在我国还是在国际社会的社交场合中，握手礼都是一种最为常见的见面礼仪。当然，作为见面礼仪的握手礼，不仅仅是在与人初次见面或是故人久别重逢这样的见面场合才能使用，它还可以出现在告别与送行、祝贺与慰问、鼓励与表扬等场合。

一、握手礼的起源

　　关于握手礼的起源有多种说法。原始社会时，人们通常会用棍棒、石头等武器共同抵抗敌人的侵袭，当他们在路上遇到没有攻击性的陌生人时，为了向对方表示自己没有恶意，最为直截了当、简单明了的方式就是放下手中的武器，伸出右手，与对方握手。

　　中世纪骑兵在打仗时身披盔甲，如果与其他骑兵不期而遇，当他们发现对方是敌人时，就会拔刀相向；当他们发现对方没有敌意时，就会伸出右手，以示亲善。

　　无论握手礼源于何时何地，从上面两则说法中，我们都可以领会到相同的意思，那就是"伸出右手表示友好"。在语言贫乏或者语言沟通不畅的情况下，这个动作能够代替语言表达"我的手中没有武器"的心声，它甚至比语言更加具有说服力。因为很多时候语言可以随口而出，亦可以言行不一，是带有欺骗性的，而扔下武器，伸出右手，则更能以行动消除彼此的戒心。因而，这种代表友好与真诚的手势就一直延续至今，演变成为现代社交场合中普遍使用的握手礼。

屠格涅夫与乞丐的握手

俄罗斯大文豪屠格涅夫在散文诗《乞丐》中讲述了这样一次个人经历。

一日，他在街上碰到了一个向他讨钱的可怜人，他非常同情这个人，想给予施舍。可是，他掏遍了所有的口袋后才发现自己什么都没有带。尴尬之际，乞丐伸出了一只手。"我惘然无措，惶惑不安，紧紧地握了握这只肮脏的、发抖的手"。作为一个施舍者，屠格涅夫并不是高高在上的，反而在不能给予施舍的时候"惘然无措、惶惑不安"，真诚道歉。大概正是这种尴尬，使乞丐感受到了他内心真诚的关爱，更感受到了他平等待人的心理。于是，乞丐"也紧紧地握了握我变得冰冷的手指。'哪儿的话，兄弟！'他嘟哝着说，'这已经是很值得感谢的了，这也是恩惠啊，兄弟！'"对乞丐而言，人格的尊重比金钱的施舍更加可贵，他享受到的是一种春风化雨般的恩惠。于是，乞丐伸出一只手向他表示友好和感谢，也正是这只手化解了屠格涅夫尴尬的处境，让他感到温暖和满足。对屠格涅夫而言，乞丐的理解无异于一场"润物细无声"的精神洗礼。一个施恩者反而从被施恩者那里得到了恩惠。"我明白，我也从我的兄弟那儿得到了恩惠"。

这种相互对等的恩惠不是通过外在的物质交换和言语的交流实现的，而是通过真诚的握手实现的。可见，握手是传递友爱的无声而有力的语言。

二、握手的方式

（一）握手的步骤

一个标准的握手礼要做到以下几点。

第一，站立，上身前倾，与受礼者的距离约一步。

第二，大大方方地伸出右手，注意右手掌心应与地面垂直。拇指向上，双方虎

图 4-1　握手的体态

图 4-2　同性握手：虎口相对

口相对并接触。一旦接触，应立即放下拇指，用其余四指包住对方的手掌，上下抖动，随后松开。注意抖动幅度不要过大。男士与女士握手时，用力要轻一点，一般只握女士的手指部分。

图 4-3　异性握手：捏手式

第三，握手过程中面带微笑，注视对方。不要面无表情或左顾右盼。

握手可以单手相握，也可以双手相握。双手相握，是为了表达自己强烈的情感，通常用于下级对上级、晚辈向长辈表达尊敬、仰慕、感激、热烈欢迎或者热烈祝贺等感情。双手相握，是在标准握手姿势的基础上用左右手将对方的右手包住。一般的社交场合只需要单手相握。

（二）握手的注意事项

除了握手的步骤之外，我们还应该注意握手的顺序、时间和力度。

1. 握手的顺序

在比较正式的场合，握手时谁先伸手呢？这是一个大有讲究的问题，不知道握手应遵循的基本原则，会将自己置于尴尬的处境。

小球童握手被拒，梅西送暖心球衣

2014 年巴西世界杯的一场小组赛开始之前，在球员通道中，阿根廷足球巨星梅西先与裁判握手。这时，有一名小球童跑上前想与自己仰慕已久的球星握手。大概是因为这个小球童个子太小，梅西没有注意到他，小球童伤心不已，以至于之后梅西返回和其他球童握手时，这名小球童也没有再出现。一时间，"梅西忽视小球迷"的视频被传到网上，引发了人们的争论。

在后来的新闻发布会上梅西解释了这件事情，他说自己并不是故意忽视小球童的："我怎么可能会故意忽视他？我当时并没有意识到他在那里，如果我看到了他，一定会和他握手的。我自己也是有小孩的人，怎么会对一个小男孩儿做出那样的事？"

为了表示歉意和补偿，梅西找到了那个握手被拒的小朋友，将一件自己签名的球衣送给他，并且与他合影。照片里，这个被称为世界上最幸运的小球迷开怀大笑。许多媒体也因此盛赞了梅西，因为他呵护了一个孩子幼小敏感的心灵。

关于握手的顺序，我们应该遵循"尊者决定"的基本原则。具体来说，分以下几种情况。

第一，尊者为先。上级和下级握手，上级先伸手；长辈和晚辈握手，长辈先伸手。

第二，女性为先。男人和女人握手，女性先伸手。如果女性没有握手的意思，男性切不可主动伸手，可以点头鞠躬以示礼貌。

第三，主人为先。如果在家庭或工作场所，主人在接待来访的客人时，无论主人是男性还是女性，都应该先伸出手对客人表示欢迎；客人告辞时，则由客人先伸手向主人表示感谢。

第四，在同性别、年龄差别不大、无宾主之别的人之间，任意一方都可以先伸手。

第五，如果需要和许多人握手，还要考虑好握手双方的地位问题。如果握手双方地位相当，可以由近及远逐一握手；如果握手双方的地位有明显差别，可以由尊而卑一个个握手。

2. 握手的时间

通常以 3～5 秒为宜。时间太短，匆匆一握，会给人以敷衍的感觉；时间太长，握住不放，又会令人尴尬。当然，有时为了表达真诚与热烈的感情，握手时间可以稍长一点。一般而言，同性之间握手时间可以稍长一些，而异性之间握手则要把握好时间。

3. 握手的力度

力度的大小也可以传达感情的强弱。通常情况下力度应适中。力度太大会给对方带来疼痛感，也会表现出一种强硬的作风；力度过小又会给人以冷漠虚伪的感觉。

不要小看一个小小的握手动作，它的姿势、力度、时间往往能传达出不同的礼遇和情意，也能折射出握手者的个性和涵养。

三、握手的禁忌

第一，用左手。在一些国家，左手被人们认为是不洁的，在他们看来用左手握手是对自己的一种侮辱。因此，不要用左手握手，除非右手受伤或有其他特殊情况。

第二，交叉握手。不要与两个人同时握手，形成交叉形状。这种形状类似于十字架，基督教徒认为这是不吉利的。

第三，戴手套握手。不要在握手时戴着手套，但是女士在社交场合戴薄纱手套与人握手则是被允许的。

第四，轻易拒绝对方的握手。一般情况下，即使对方没有遵循握手原则，贸然伸手，为表示风度和涵养，还是尽量不要拒绝。

★课后思考和练习

1. 请练习不同场合的握手顺序和步骤。

2. 握手有哪些禁忌？

第二节　介绍礼仪

介绍是人们社交活动中的一个非常必要的环节。它可以让素不相识的人建立交往关系、扩大交往范围，也可以增进彼此之间的了解或者消除误会。

介绍的方式主要有两种，一种是自我介绍，另一种是他人介绍。无论哪一种介绍，都要遵从特定的礼仪。

一、自我介绍

作为文秘人员，在社交场合中，如果我们想要结识某些人，却无人引荐，或者接待客人时，出于对客人的尊重，想让客人了解自己，这些情况下就要主动自我介绍。

自我介绍是展示自我形象的一种手段，正确得体的自我介绍可以给对方留下良好的第一印象。同时，自我介绍也能够打破陌生人之间交谈的僵局，活跃交往的氛围。

（一）自我介绍的内容

自我介绍的内容可以根据所处场合及面向人群的不同而有所不同。根据文秘人员面临的不同场合，自我介绍的方式可以分为以下几种。

1. 应酬式

这种方式一般适用于一些公共场合，比如我们不得不做介绍，但是又不想和对方建立深入的谈话关系。应酬式的自我介绍往往只介绍姓名。

2. 公务式

这种方式适用于工作场合或者正式场合。公务式自我介绍的内容应该包括姓名、单位、部门、职务四个基本要素。

3. 社交式

这种方式适用于想和对方进一步交流沟通、建立比较深入的交往联系的情况，尤其是私人交往。社交式自我介绍的内容可以从一些基本的私人情况开始，比如籍贯、学历、兴趣等。如果想要在短时间内增进关系，可以说自己与对方认识的某个人比较熟悉。

4. 礼仪式

这种方式适用于讲座、庆典等一些较为隆重的场合。礼仪式的自我介绍的内容可以包括姓名、单位、职务等基本情况。除此之外，还应该加入一些适当的谦辞和敬语，以表示对交往对象的尊重。

5. 问答式

这种方式适用于应试、应聘和公务交往。针对对方提出的问题做出回答，如"请问您贵姓""您好，免贵姓张，弓长张"。

（二）自我介绍的礼仪

介绍自己时，应当目视对方，微笑相对，轻微点头致意，在得到对方回应后，再向对方介绍自己。介绍结束之后，也可以给对方一个自我介绍的机会。

自我介绍的过程中要注意以下几点。

1. 讲究时机和时间

在时机上，最好选择对方有空闲、情绪好的时候，不要妨碍对方的工作。在时间上，自我介绍的时间以半分钟左右为宜，最好不要超过 1 分钟，内容要简洁明了。

2. 讲究态度

自我介绍时，整体上要落落大方，应该正视对方的双眼，充满自信；笑容可掬，亲切友善；语气自然。

3. 自我介绍应该实事求是、真实可信

自我介绍的关键在于掌握分寸，让别人了解一个真实的自己，因而最好不要使用一些比如"很""第一"等表示极端赞扬的词语夸奖自己，否则会给人以不稳重、不可靠的感觉。当然，也不必刻意贬低自己、讨好别人。

二、他人介绍

他人介绍是指经过第三者为不熟悉的双方引荐的一种方式。介绍者可以对被介绍者双方各自做一番介绍，也可以只把被介绍者中的某一方介绍给另一方。

（一）介绍他人的顺序

在介绍他人时，先介绍谁后介绍谁是一个比较敏感的问题。一般而言，在介绍他人时应该遵循"尊者有优先知情权"的原则。即先介绍地位低者，再介绍地位高者；先介绍职务低者，再介绍职务高者；先介绍晚辈，再介绍长辈；先介绍男士，再介绍女士（如果男方年长或者地位高，应先介绍男士）；先介绍主人，后介绍客人；将后到的客人介绍给先到的客人；介绍很多人时应该从近处或者较远处开始依次介绍。

（二）介绍他人的姿态

做介绍时，应以标准姿势站立于被介绍的双方之间，先说"让我来介绍一下""请允许我来介绍一下"。介绍时将右臂的肘关节打开，小臂向前伸，使小臂与大臂的夹角大于 90 度，并且保持手心向上、拇指微张、其余四指并拢，指向被介绍的一方。

介绍他人时应注意以下几点。

第一，介绍者切不可用单指指向被介绍者。

第二，介绍之前可先征求和了解双方的意愿。

第三，如果介绍者忘记了被介绍者的名字，或者情况介绍有误，不要慌张，可以先致歉再补充说明。

图 4-4　介绍他人的姿态

★课后思考和练习

1. 拜访地位高的人时应如何进行自我介绍？
2. 介绍他人时应遵循的顺序是什么？

第三节　名片礼仪

名片是自我介绍时的一种辅助性工具。自我介绍宜节约时间、简洁明了，名片可以帮助补充自我介绍的信息；主动将名片递给对方，也能传达出对对方的友好和信任；名片如同一个袖珍通信录，可以方便人们之间保持联系，也可以扩大对所在单位的业务宣传。由此可见，名片用途广泛，相当于个人和单位形象的化身。因此，我们要充分重视和发挥名片的作用，使用名片时要合乎礼仪规范。

一、名片的制作

虽然名片的制作可以交给名片制作商，但是由于名片能够体现出一个人的风格，因而也不可全权交给名片制作商设计，还是应该自己精心设计一番。名片设计要注意以下几点。

第一，选择合适的材料。材料只是名片的载体，选择耐磨损的材质就行。印制名片可以选用白卡纸、再生纸等耐折耐磨、环保实用的纸张。没有必要选择过于高贵典雅的纸张，更没有必要选用布料、皮革、光纤、木材甚至是黄金、白银等价格昂贵的材料。

第二，名片的尺寸。目前，国内通用的名片尺寸为 9.0 厘米×5.5 厘米。不要为了标新立异随意扩大或缩小尺寸，或者设计成折叠式，给人以故弄玄虚、有意摆谱的感觉。

第三，名片的色彩。名片的底色不宜太花、太鲜艳，不宜选择黑色、红色、粉色、紫色、绿色等不能突出文字且有失庄重的颜色，最好选用白色、浅灰、浅黄、浅蓝、米色等浅色底色，显得庄重、朴素、淡雅。即便是浅色的底色，也不要使用两种以上的底色，一种底色最好，一方面能够突出文字信息，另一方面也不会给人以杂乱的视觉感受。

第四，名片的图案。在名片上，可以出现公司标识、企业地址、经营的产品等图案，但应以少为佳。不宜在名片上印照片、漫画、花卉、宠物等图片，以免给人以爱出风头、华而不实的不稳重的感觉。

第五，名片上的文字。文字以黑色为佳。中文可以占用一面，外文或者少数民族文字可以占用另一面。不要将两种文字交错印在同一面，也不要在一张名片上采用两种以上的文字。文字字体应采用标准易识的印刷字体，最好不要采用行书、草书、篆书等不易辨识的字体，更不宜手写签名。

文字的版式有两种：一种为横式，一种为竖式。名片一般以横式为宜，符合人们的阅读习惯。若用两种文字印刷，应保持同一版式，不要一面横式，一面竖式。

不要印一些如"难得糊涂"之类的格言警句。

第六，名片的印法。一般采用铅印或胶印，不要用复印、油印、影印等方法，最好不要自制名片。

二、名片的分类

根据使用场合和社交对象的不同，名片可分为以下几种。

第一种，应酬式名片。这种名片上的内容通常只有个人姓名，有些会加上本人籍贯或其他简单的信息。

第二种，公务式名片。这是最常见的一种个人名片，适用于商务、政务、服务等各种正式的业务交际场合。这种名片应包括以下内容。

（1）姓名称谓。姓名用较大的字号写在名片正中，注意姓名后不必加注"先生"或者"小姐"等称呼。职务印在姓名的右下方。

（2）所属单位。由企业标识、供职单位、所在部门三部分组成，也可以根据需要从三者当中选择两项。注意应采用供职单位和所在部门的全称。

（3）联络方式。由单位地址、办公电话、邮政编码三部分组成，这三项都是不可缺少的。一般而言，公务式名片在工作场合使用，因而不需要提供家庭住址和住宅电话，手机号码与电子邮箱可以根据需要选择性列出，若不想让外人打扰也可以不留。如果想要随时保持联系、方便工作的开展也可以印在名片上。

这三部分信息在名片上的布局为：左上角，以小号字标出所在单位；正中，以大号字标出姓名称谓；右下角，以小号字标出联络方式。

第三种，社交式名片。这种名片可以在个人姓名外，列出家庭住址、邮政编码和住宅电话等私人信息。如果不喜欢对方上门打扰，可以只印住宅电话。

第四种，单位式名片。它和公务式名片一样，适用于工作场合。不同的是，公务式名片属于个人名片，而单位式名片属于集体名片。这种名片主要适用于单位的对外宣传，内容主要是单位信息，不涉及个人信息。其内容应该包括单位全称、单位标识、单位地址、单位电话和邮政编码。

三、名片的使用

（一）递送名片

递送名片时，应以标准姿势站立，上身微微前倾，双手递送，表示恭敬。为了不遮挡名片上的文字信息，最好用大拇指和食指捏住名片上端的两个角，并且将名片的正面朝向对方，一则方便对方观看，二则表现出设身处地地为对方着想。

图 4-5 递送名片的方式

递送名片时应面带微笑，目视对方，同时要说一些友好客气的话，比如"这是我的名片，希望保持联系""初次见面，请多多关照"。

递送名片需注意以下几点。

1. 递送前的准备

应该随身携带足够数量的名片，平时也要多多留意自己的名片是否够用，如果不够应及时补印。

名片就像人的第二张脸，应该保持干净整洁，如果有污损涂改，就好像脸上的妆花了一样，不好看也不庄重。

名片最好用专用的名片盒或者名片夹保存。男士可以把名片放在公文包或上衣口袋中，女士可以放在手提包中。最好不要放置在钱包、裤袋、裙兜里，以免弄脏或产生折痕，也不方便掏出。

2. 递送名片时应该注意场合和时机

递送名片时应注意场合。在希望认识对方、被介绍给对方、初次拜访对方、通知对方情况变更、对方提议交换名片等场合下可以递送名片；在不想认识对方、不愿与对方深交、双方之间的地位身份差别悬殊等特殊场合则不宜递送名片。

递送名片应该掌握好时机。初次见面时，可以在相互介绍之后，也可以在交谈融洽之际，亦可以在握手告别之际递送名片。注意不要在对方用餐或者对方忙碌时送上名片。

3. 递送名片的顺序

名片递送的顺序应该遵循位卑者向位尊者先递送的原则。地位低的人应该先给地位高的人递送；晚辈先给长辈递送；下级先给上级递送；男士先给女士递送；主人先给客人递送。

与多人交换名片时，如果身份、年龄有差距，地位低者、晚辈应该先把名片递送给地位高者、长辈，以由尊而卑的顺序递送；如果身份、年龄差距不大，可按照由近而远的顺序递送，如果是圆桌，可以从右侧开始，按照顺时针方向递送。

一般情况下，没有必要滥发名片，只有有选择地递送，才能让人重视。

如果名片破损或脏污，应该尽早丢弃。与其送别人一张污损的名片，不如不送。

（二）接受与交换名片

当递名片者递上名片时，接受者应该停下手中之事，起身站立，双手接过名片并道谢。

接过名片后，应该从头至尾认真默读一遍，以表示对递名片者的尊重。看完名片后，若有疑问，可向对方请教，意在表示重视对方；若无疑问，要郑重地将名片放置于名片夹里，并注意与自己的名片区别存放，或者放在公文包、上衣口袋中。切不可漫不经心地置于桌上或者放入裤兜、裙兜、钱夹中。

接受他人的名片后，应该以同样的姿势向对方回赠自己的名片。如果没有提前准备，比如没有印制名片、名片用完了或者忘记携带名片，可以向对方坦诚地解释不能回赠的原因，并向对方表示歉意。

在对方名片上随意写写画画，将其他物品放置在对方的名片上，离别时忘记带走对方的名片都是不礼貌的行为。

（三）索要他人的名片

一般而言，我们应该等待他人主动递送名片，最好不要向他人索要名片。但如果碰到尊者或者想要认识的人，可以采用以下几种方式索要名片。

1. "礼"尚往来

可以主动递上本人的名片，面对尊者时可以这样说"这是我的名片，请问今后如何向您请教呢";面对平辈或晚辈时则可以这样说"请问以后怎样与您联系"。一般而言,对方在接受你的名片后出于礼貌也会回赠给你自己的名片。

2. 主动提议

对比较熟悉的人,尤其是同龄人、同级别的人,可以向对方主动提议交换名片,"好久不见了,我们交换下名片吧"。

3. 谦恭询问

面对尊者,可以询问对方"请问以后怎样向您请教比较方便呢",切记态度要谦逊恭敬。

(四) 婉拒他人索要名片的要求

当他人向你索要名片,你又不想给他或者自己没有名片时,可以采取委婉的方式回绝对方,可以这样说"对不起,我忘了带名片""不好意思,我的名片用完了"。不宜直截了当地拒绝。

如果真的没有带或者用完了,一定要加上一句"改日一定补上",而且一定要言出必行,否则可能会让对方误解自己。

四、名片的收藏

交际应酬结束后,应及时将收到的名片整理收藏、分类存放。可以按照姓名首字母的顺序或者笔画顺序,也可以按照专业或者部门、国别或者地区分类整理,还可以交叉使用这几种分类方法。如果名片非常多,分类之后最好制作一个索引,方便以后查找。

可以在名片上记录下递送名片的人的单位、职务、部门、联络方式等情况的变更;也可以记录下递名片者的性别、年龄、籍贯、学历、专长等信息。

总之,名片不是收藏品,而是一个信息库。一个能充分利用名片沟通人际关系、表现自我个性、展示企业形象的人,才是一个具备现代交往意识的人。

★课后思考和练习

1. 请演示一下如何与一个初次见面的尊者交换名片。

2. 请按照名片的设计要求,给自己设计一张名片。

第四节　称呼礼仪

在日常交往中，人与人之间不可避免地要使用一定的称呼。正确恰当的称呼，不仅是对他人的尊重，也能反映自身的修养，还能体现出彼此之间的亲疏关系。尤其是在工作场合中，人们彼此之间的称呼应该规范庄重。称呼使用不当，是一种非常失礼的行为。

一、工作中的称呼

文秘人员在工作场合中可以采用的称呼大体分为以下几类。

（一）以职务相称

称呼交往对象的行政职务是工作场合中比较常见的称呼方式。职称性称呼可细分为以下三种。

（1）只称呼行政职务。如董事长、总经理、主任等。

（2）姓氏＋行政职务。如张经理、何主任等。

（3）姓名＋行政职务。如张一平主任、陈文董事长等。这种方式多用于非常正式的场合。

（二）以职称相称

对拥有中、高级技术职称的人，可以以职称相称。这种称呼通常也可细分为以下三种。

（1）只称呼技术职称。如工程师、会计师、教授等。

（2）姓氏＋技术职称。如王教授、李工程师等。

（3）姓名＋技术职称。如张倩研究员、李响工程师等。

（三）以行业相称

当不了解对方的具体职务和职称时，可以以其所在的行业相称呼，如老师、医生、司机、警官、律师等。也可以在行业性称呼前加上姓氏或者姓名，如王警官、陆医生、江蒙律师等。

（四）以学历相称

在一些强调知识水平的场合，比如学术会议、学术报告、论文答辩、职称评审等，可以以学历相称来强调对方的学术水平。这种称呼也可以分为四种方式。

（1）仅称学衔。如博士。熟人之间可以这样称呼。

（2）姓氏＋学衔。如吴博士。一般场合可用此种称呼。

（3）姓名＋学衔。如吴郁博士。这种称呼适用于正式场合。

（4）学科＋姓名＋学衔。如文学博士吴郁、法学硕士夏挺。在正式场合也可以使用这种方式称呼别人。

（五）以性别相称

可称呼未婚女性为"小姐"，未婚女性和已婚女性均可尊称为"女士"。男性可尊称为"先生"。也可以在这类称呼前冠以姓氏或者姓名。

（六）以姓名相称

以姓氏、姓名相称，也是工作场合中常见的称呼方式。

（1）直呼姓名。熟人之间可以直呼其名。然而，对领导、长辈和客人不能直呼姓名，可以在姓名后加尊称或职务。

（2）只称姓，不称名。但要在姓前加上"老""小"等字眼，如老陈、小徐。

（3）只称名，不称姓。一般用于上级称呼下级、长辈称呼晚辈或者同性之间。

作为秘书，我们可能有机会遇到涉外交往的场合。俗语说"十里不同风，百里不同俗"，由于文化习俗的不同，涉外交往中的称呼与国内交往中的称呼会有所不同。通常而言，我们要根据交往对象身份、职业的不同而给予对方不同的称呼。如果涉外交往中的称呼使用不当、行为失礼，损害的不仅仅是个人形象、单位形象，甚至可能是国家形象，因而，我们一定要重视涉外交往中的称呼。

总之，无论是在工作场合还是在涉外交往中，称呼都应该合理恰当，体现出互相尊崇的礼仪。我们在称呼对方时，既要符合常规性的原则，也要区分场合，有时还要考虑风俗习惯或者遵从被称呼者的个人习惯。

二、称呼的禁忌

（一）叫错对方姓名

在人际交往中，念对并且记住对方的姓名是获得对方好感的最为直接和有效的办法。一种情况是当我们与某人仅有一面之缘，再次见到对方时，如果能够准确无误地叫出对方的姓名，会使对方感到无比亲切，一面之缘顷刻间会升华为一见如故。因而，拉近交往距离的一个最简单的办法就是记住对方的姓名；而记住姓名最关键的地方在于不要念错对方的姓名。我国的姓氏中有一些多音字或者生僻字，面对这些无法确定的字，可以提前查阅字典，也可以询问对方正确的读音。总之，不要粗心大意，甚至将错就错、以讹传讹。除了中国人的姓氏之外，还应该了解一下外国人的姓名特点，尊重外国人的称呼习惯。

另一种情况则是把被称呼者的职务、职称、学衔、婚否等信息判断错误，如把一位未婚女性当作已婚女性而称她为夫人，把董事长贬称为经理，这些显然属于重大失误。

（二）使用会产生歧义的称呼

有些简称的谐音会产生歧义，比如把范局长简称为"范局"，把沙司长简称为"沙司"，在正式场合这些称呼都不合适。但是有些简称则是合理的，比如将李总经理简称为李总，将陈工程师简称为陈工，将王副经理、刘副主编、张副主席、李副教授的"副"字省略掉，称为王经理、刘主编等，这符合交际场合中通常采取的就高不就低的原则。

有些称呼仅仅适用于某一地区，外地人会听不懂或者理解错误。如北方的某些地方喜欢称别人为"师傅"，这是对手艺人的一种敬称，而在南方，"师傅"通常被理解为是出家人；同样在北方，有些地方的人喜欢称呼男性为"伙计"，表示感情很铁的好兄弟、好哥儿们，但是在南方，"伙计"却是用来指称打工仔的。

有些称呼只适用于国内。中国人常用的称呼在国外也往往含有其他意思，容易引起对方的误会。如中国人称党内人士或者志同道合的人为"同志"、称自己的配偶为"爱人"、称自己的孩子为"小鬼""兔崽子"等。但是在其他国家，"同志"往往被理解为同性恋者，"爱人"被理解为情人，"小鬼"被理解为妖魔鬼怪，"兔崽子"一般指动物而不指人。

（三）使用一些比较粗俗的称呼

在日常生活中，我们可能会使用一些能够拉近双方距离的称呼，如哥们儿、姐们儿、张哥、李姐、老板、老大、大哥等，这些称呼或多或少地带有一些江湖气息和帮派性质，如果在正式场合使用这些称呼，不仅不会让被称呼者感到亲切，反而会让对方觉得肉麻不堪，甚至认为称呼者格调不高、自贬身份。

（四）使用绰号

绰号有文雅的有不雅的，起绰号或者以绰号称呼对方不一定都是不可取的。在日常生活中，与要好的朋友之间以绰号相称，是亲密友谊的象征。但是，在正式的工作场合，还是不宜用绰号称呼别人，尤其是一些对他人具有侮辱性质的绰号更是应该被禁止使用的。对一些有生理残疾的人，也应该注意避免使用一些歧视性的称呼。如果说对方对自己的绰号非常喜爱、乐于接受，这个绰号不仅无伤大雅，反倒可以令对方美名远扬，那还是尊重对方的习惯吧。

诚然，恰当的称呼能够表现称呼者的言之有"礼"，但是如果只有称呼礼仪，而不注意姿态上的有礼有节，比如在称呼对方的时候面部僵硬、声音冰冷，抑或是举止过分亲昵，都不能发挥称呼的礼仪作用，反而让人感觉称呼者敷衍了事或者虚情假意。有声语言和肢体语言应该相互搭配、协同传播，才能给人以和谐的美感。

第五节 交谈礼仪

交谈是我们生活中每天都必须进行的，是学习生活、人际交往最关键的一环。文天祥曾说："高山流水，非知音不能听。"这也说明了交谈的重要性。交谈是互动的，并不是一个人在自言自语，而是依赖于人与人之间的相互配合。

一般来说，一个人在交谈时的具体表现，常常能体现出这个人的能力、水平以及待人接物的态度等。由此可见，交谈对个人形象的塑造十分重要。既然交谈能影响个人形象，那么我们应该如何提高沟通的质量呢？如果想要提高自己的人际交往能力，就一定要注意交谈的礼仪，做到交流得当、文明有礼。

交谈礼仪，是指对人们在一般场合进行的各种形式的交谈所做的具体规范。交谈礼仪的具体内容，主要是指我们在进行谈话时，应当如何说、说什么等问题。下面，将根据文秘工作中的实际需要，分别介绍秘书人员在进行谈话时应该遵守的基本的交谈礼仪。

一、交谈的距离

在所有的社会交际活动中，人与人之间都要保持一定的空间距离。社交距离的远近，大致体现了交谈者的亲疏程度。因此，我们在与他人交谈时，要善于把握交谈的空间尺度。

不同国家的文化习惯不同，因此对交谈时双方间隔距离的规定也不尽相同。大多数国家认为最佳的交谈距离是 1 米，但是也有一些特殊的国家，例如，30～40 厘米是意大利人的最佳交流距离。这种差异就要求我们面对不同国家或者民族的人时，要事先了解其交谈习惯，保持相应的距离。

一般来说，交谈分为情友交谈、同事交谈、业务交谈和公共交谈四种。这四种交谈需要我们保持的距离也不相同。我们要分清对象，掌握分寸，不要随意破界。在一定社会环境中，空间距离是约定俗成的，最好不要打破这种"潜规则"，否则会给交际带来阻碍，甚至会破坏交际活动。

交际距离小知识

美国人类学家霍尔博士划分了人际交往的四种距离。

一、亲密接触，在 0～45 厘米。这是最亲密的交往距离，双方能够感受到对方的体温、气息。交谈双方关系密切，是夫妻、情人等。

二、个人距离，在 45～120 厘米。这种距离一般较少有身体的直接接触，适用于朋友、熟人或亲戚之间。

三、社交距离，在 120～360 厘米。一般用于处理非个人事务的场合中，如进行一般社交活动、办公等较正式的场合。

四、公众距离，在 360～750 厘米。这种距离适用于公共场所。

第一种：情友交谈。这里说的情友一般包括亲人、夫妻、情人、好友。情人之间比较亲密，空间距离可在 20～100 厘米。近距离的交谈可以使彼此较容易接触到对方的身体，表达情感时甚至可以缩短为零距离。如果距离过大，就会给人疏远冷漠的感觉。亲密交际的范围是有限的。即使是朋友，最好也不要碰触对方的身体，特殊情况下如握手、拥抱时则可以缩短为零距离。与朋友交谈和与情人或亲人交谈不同，应保持适度的空间感。

第二种：同事交谈。平时我们与同事、同学的交谈属于伙伴型交谈，间隔距离在100～150厘米。一般来说，同事之间的交谈空间距离应该远近适度，太远会拒人于千里之外，缺乏亲和感，太近则会被视为侵犯他人空间，使对方感到不适。特别是在与异性同事交流的时候，我们应该保持一个双方都比较舒适的距离。

第三种：业务交谈。因业务关系进行的交谈称为业务交谈，常见的比如产品推销、合作谈判等。在和对方进行业务交谈时要注意变通，谈话距离要根据现场的情况具体问题具体分析，但距离不能小于1米。从初期到后期可以适当缩短空间距离，只有善于掌握分寸，才能收到理想的效果。

第四种：公共交谈。日常生活中，我们每个人都会面对公共交谈，比如逛街、坐公共汽车，只要我们处在公共空间里，就需要进行公共交谈。公共交谈时，我们往往面对的都是陌生人，这时候公共距离就显得尤为重要，保持适当的距离是我们必须要做到的。

二、交谈的表现

在我们与他人交谈的过程中，谈话态度往往会影响谈话的整体质量，因此，在交谈时一定要有意识地注意自己的态度，只有不卑不亢才能够给对方留下好印象。交谈时的态度不仅要符合礼貌的原则，做到表情自然、礼貌热情、谦虚谨慎，而且要与谈话的内容相协调。

（一）交谈的态度

第一，善于倾听。毫不夸张地说，倾听是交谈过程中最为重要的一个环节，是与他人和谐交谈的前提。我们在交谈时不仅要认真听取对方要表达的内容，要有一定的肢体动作，而且要表现出自己对对方的尊重。在他人发言时漫不经心、不闻不问，或随意打断对方的发言都是极其不礼貌的行为。

第二，简短插话。我们一定要在对方把话说完后再进行回答或评价，交谈中随意打断别人说话是非常不礼貌的行为。如果有必要插话，在插话之前应先向对方示意，可以说："对不起，我插一句行吗？"要注意的是，插话不能过长，最好是一句两句点到为止，如果对方还没有阐述完毕，自己就长篇大论地表达看法，不顾及对方的感受，是不礼貌的。

第三，注重互动。一个人是无法进行交谈的。在谈话过程中，当我们赞同对方的观点时，应中肯地肯定对方的见解。认同对方的观点，对我们的人际交往大有益处。因此，在双方交谈时，不时地表示出对对方的赞同，会让交流更加舒心、更加愉快。

第四，委婉谦逊。交流中不顾及他人的感受，随意质疑他人，或者一句话也不说，这些都是绝对错误的行为。我们要尊重对方，态度和缓有礼貌，时刻照顾对方的情绪。还要注意的是，在发表自己的观点时，表达方式应该尽量委婉中听，要善解人意，给对方留有余地。即使是在提出建议或意见时，也不要用命令的语气。

关于交流的小故事

柯立芝于1923年登上美国总统的宝座。他有一位漂亮的女秘书，但工作粗心大意，常常出错。一天早晨，柯立芝看见秘书走进办公室，便对她说："你今天穿的这身衣服真漂亮，正适合你这样年轻漂亮的小姐。"这句话出自柯立芝之口，让秘书受宠若惊。柯立芝接着说："我相信你的公文也能和你的打扮一样漂亮。"

从那天起，女秘书在公文上很少出错了。一位朋友知道了这件事，就问柯立芝："这个方法很妙，你是怎样想出来的？"柯立芝说："这很简单，你见过理发师给人刮胡子吗？他要先给客人涂上肥皂水，为什么这么做呢？就是为了刮起来不痛。"

在交谈时，我们的态度往往会通过表情、动作等方面表现出来，因此，我们还要注意自己在谈话时的表情、动作、语言、语气等。

（二）交谈的形态

1. 表情动作

人们在交谈时常常会无意识地做出一些动作或表情，一般这些动作或表情可以传递很多信息，适当的动作和表情可以协助双方沟通。因此，我们应当关注交谈时的表情。交谈时切不可误用或乱用表情，以免引起不必要的误会。在与人交谈时，我们要坐有坐相，站有站相，坐姿端正，站姿挺拔，交谈的时候目光专注，但是不能始终盯着对方，也不能四处张望。谈话时不要修指甲、挖耳朵等，这是非常不尊重对方的表现。另外，尤其应当注意的是，在交谈时用手指指人是非常不礼貌的，会让人感觉被轻视，不被尊重。

2. 语气

语气可以表现出一个人谈话时的态度。一个人谈话时语速的快慢、语调的抑扬顿挫，往往能表现出他的素质。谈话时气势咄咄逼人或说话吞吞吐吐，都是不合适的。

说话时要有意识地压低音量，不能发出太大的声音，以能让对方听见且不反感为好。声音过大不仅会引起对方的反感，也说明自己缺乏教养。

说话的语气要谦和宽容。交谈时多使用敬语等一些礼貌用语，这样不仅展示了自己的素质，也能使对方感到被尊重。既不能表现得盛气凌人，也不应该讨好奉承，最佳的语态是友好和缓、不卑不亢。

交谈要舒缓有度，语速不要太快或者太慢。在交谈过程中，语速要快慢适中，这样不仅有利于对方听清自己的发言，而且还可以显示出自己平和的心态。语速太快或者太慢，都会让人产生不舒服的感觉。

3. 语言

语言的选择和使用对交谈至关重要，若双方语言不通，交谈就无法进行。交谈过程中对语言的把握，总体上要注意以下四点。

（1）通俗易懂。谈话时使用的语言应该简单易懂。交谈应该说普通话，最好不要使用方言。交谈时不要滥用书面语言和典故。

（2）简洁清晰。说话要发音标准、吐字清晰，并且所言之意一定要明确，尽量不要让对方揣摩猜测自己的意思。

（3）形象生动。观点和见解要鲜明，话语要生动形象，避免谈话时语言枯燥乏味，避免"官话"连篇。谈话生动活泼更利于沟通。

（4）文明礼貌。在交谈中使用礼貌用语可以表现出谈话人良好的文化素质。一定要使用敬语和礼貌用语，比如"麻烦您""客气""打扰一下"等，同时更要注意说话要文雅，比如想要上厕所的时候，可以说"对不起，我想去一下洗手间"。

三、交谈的内容

常言道，"话不投机半句多"。这句话体现出了交谈的内容的重要性，它是交谈能否成功的关键。我们的品位、教养和阅历往往能够通过谈话的内容表现出来。因此，在交谈中，我们必须要规范自己的谈话内容。

在选择谈话内容时，要审时度势。一定要切合当时的具体情况，注意时间地点，根据双方的身份，拿捏好分寸，把握好"度"。同时要考虑在选择话题时尽量围绕双方感兴趣的内容展开，使对方积极配合，这样可以促进交谈顺利进行。注意不要将自己的兴趣强加于人，并且要注意回避低级趣味。最重要的是要避开禁忌的话题，在内容选择上要慎重斟酌，不应涉及他人的隐私，如年龄、收入、宗教信仰、身体状况等。

在选择谈话内容时，我们必须要做到以下五点。

第一，自觉合法。在与他人交谈时，并非所有话题都可以谈，交谈的内容必须要符合法律要求。

第二，紧扣主题。正式的会谈一般有一定的话题内容，要围绕重点内容谈话，不能偏离主题、谈天说地。

第三，客观真实。谈话时应尊重事实，不能主观臆测，信口开河。同时也应考虑谈话场合、对象及表达方式，不能在任何场合都说"大实话"，这样很可能会使交谈气氛变得尴尬。

第四，高雅轻松。人们平时的言谈举止，往往就是自己身心修养的写照。不管是正式的谈话还是随意的交流，都应该选择高雅的内容。同时要尽可能地选择一些轻松愉快的谈话内容，尽量避免沉闷的话题。

第五，了解擅长。在交谈时最好不说自己不了解的话题，更不能不懂装懂。在内容上，要尽量选择一些自己擅长的话题，这样可以让对方看到自己在这一方面的专业性，也能让自己看起来落落大方。

四、交谈的分寸

中国自古以来就讲究中庸之道，这也决定了我们在交谈时，也要把握适度原则，拿捏好谈话的分寸。

一般来说，交谈中要照顾对方的情绪，因此在谈话中不能以自我为中心，忽略谈话对象。我们与人谈话的目的是传达信息，并且使对方接受，因此谈话时必须拿捏好分寸。

喋喋不休是人们在谈话中经常会犯的错误。如果谈话内容是自己擅长的话题，我们往往会滔滔不绝地发表自己的看法，这样的做法往往没有顾及对方的感受，更有损自身的形象，令他人感到厌烦。在交谈时应该适可而止，最好不要长篇大论，要给别人留下发言的机会。说多了不好，说少了也不行。在交谈中，多听少说是上策。然而，如果一言不发也会让人觉得我们根本没有认真聆听。因此，在谈话中切记不要沉默不语，还是要适当地给予回应。

谦卑是中华传统美德。谦虚恭敬是交谈的必要条件，不能骄傲自大，更不能随意教训、命令别人。越是有才华的人，在和别人交谈的时候就越谦虚低调。另外，在交谈时如果随意宣泄个人情感，甚至尖酸刻薄，往往会显得自己气量小，使自身形象大打折扣。在交谈中，我们要尽量尊重对方、包容对方，不可侮辱对方，即使开玩笑也切记不可有失分寸。最后，我们每个人都有负面情绪，但是不应该发泄到交谈对象身上，这样往往会带给对方一些负面影响，也会显得自己斤斤计较，缺乏涵养。因此在交谈时，我们要尽量展现自己积极向上的一面，同时传递给别人一些积极的正能量，这样会使自己更有人格魅力。

★课后思考和练习

1. 如何注意自己的谈话态度？
2. 如何规范自己谈话时使用的语言？

第六节　座次礼仪

座次礼仪是人际交往中不可忽视的一项重要的细节问题，我们在日常生活中往往会遇到一些座次难题，比如在餐桌上、会场上、乘车时、行进中等。下面为大家介绍一些日常生活中常见的座次礼仪。

一般来说，对座次的安排都是约定俗成的，比如，很多会议是按照职位高低安排座次；宴会按照主宾、次宾安排座次；在选举中，为了显示公平，常常按照姓氏排序。一般来说，在国际交往中，以右为尊。

一般来说，座次安排的原则有以下几点。

第一，以"右"为上。

第二，面门为上。面朝房门为上座。

第三，居中为上。中间的座位尊于两边的座位。

第四，以远为上。以远离房门的位置为上座。

第五，前排为上。前排座位为上座。

一、会议座次

一般情况下，会议的座次有固定的规则。会议越重要，座次问题就越会受到大家的关注，因此要谨慎安排座次。那么，秘书要如何安排会议的座次呢？

（一）小型会议

小型会议的主要特征是不用设置主席位置，全体参会人员均入座。小型会议会场通常会布置成方桌或圆桌，以便自由交谈。公司例会、董事会、两公司谈判等都属于小型会议。小型会议的设座通常是面门设座、依景设座或是自由设座。依景设座指主席之位背依景致而设，如字画等。

1. 相对式

主客双方面对面就座，通常用于商务谈判。

（1）面门为上。根据面门为上的原则，应让客方坐在面向门的位置，主方坐在背门的位置。

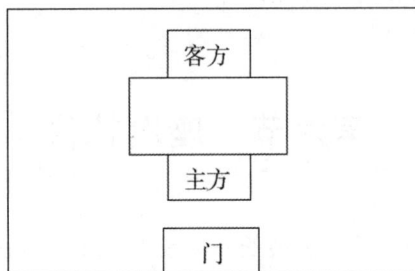

图 4-6　相对式面门为上

（2）以右为上。主客双方根据以右为上的原则，应让客方坐在右侧，主方坐在左侧。

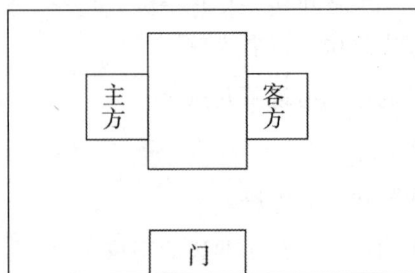

图 4-7　相对式以右为上

2. 并列式

并列式即主客双方并排而坐，这种形式一般是双方地位相仿时的安排方法。

（1）以右为上。主客双方都面朝房门时，遵循以右为上的原则，客方坐在右侧，主方坐在左侧。

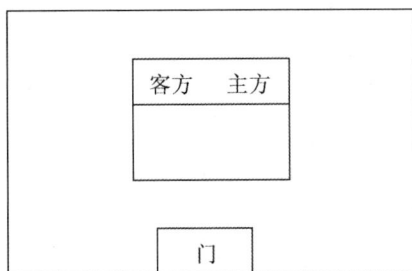

图 4-8 并列式以右为上

（2）以远为上。这种情况应根据以远为上的原则，客方应坐在距离门较远的位置，主方坐在距离门较近的位置。

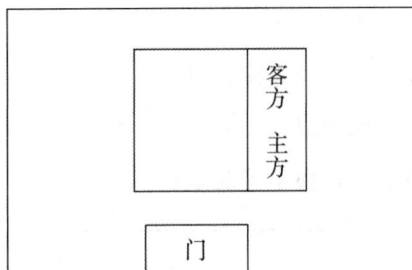

图 4-9 并列式以远为上

3. 商务谈判内部次序

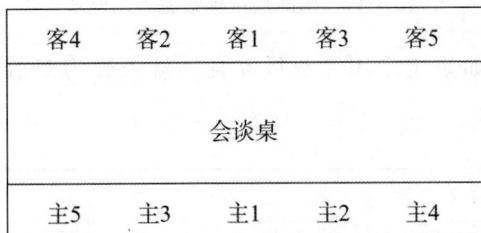

图 4-10 商务谈判的内部次序

商务谈判中，双方的主谈判人应该在会谈桌两侧的中间位置入座，其他谈判人根据以右为上的原则，按职位高低在主谈判人两侧入座，形成马蹄形商务会谈座次。

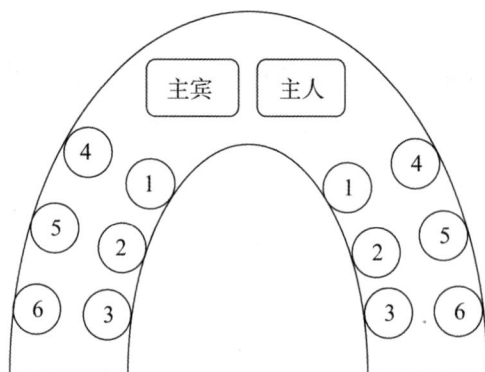

图 4-11　马蹄形会议座次

（二）大型会议

大型会议是指规模大、参会人数多的会议。生活中常见的大型会议有新闻发布会、经验交流会、报告会等。大型会议一般设有主席台和观众席。

主席台通常与观众席面对面。主席台的排座经常要考虑主席团的座次、主持人席位和发言者席位。

主席团的座次：主席团指在主席台正式就座的人员。一般遵循的原则是：前排为上、居中为上、以右为上（中国惯例是以左为上）。

按照国际惯例，当主席团为双排，且每排人数为单数时，座次如下图所示（要注意左右的标准是基于主席台，而不是观众席）。

第二排	9	7	6	8	10
第一排	4	2	1	3	5
观众席					

图 4-12　国际双排单数主席团座次

按照国际惯例，如果主席团为双排并且每排人数为双数时，座次安排如下图所示。

第二排	7	5	6	8
第一排	3	1	2	4
观众席				

图 4-13　国际双排双数主席团座次

按照国内惯例，当主席团为双排，且每排人数为单数时座次如下图所示。

第二排	10	8	6	7	9
第一排	5	3	1	2	4
观众席					

图 4-14 国内双排单数主席团座次

按照国内惯例，当主席团为双排，并且每排人数为双数时座次安排如下图所示。

第二排	8	6	5	7
第一排	4	2	1	3
观众席				

图 4-15 国内双排双数主席团座次

主持人座次：主持人一般会居于前排中央或者前排两侧，一般不会居于后排。

发言者席位：如果会议设有发言席，一般情况下位于主席团的右前方。

二、合影座次

合影座次通常也是以右为上（国内以左为上），前排为上，居中为上。

第四排	20	18	16	17	19
第三排	15	13	11	12	14
第二排	10	8	6	7	9
第一排	5	3	1	2	4

摄影师

图 4-16 合影座次

三、交通工具座次

乘坐交通工具时，一般情况下，客方应该遵循先下后上、尾部绕行的原则。

如果由司机驾车，轿车上最尊贵的座位首先是司机的右后方，其次是司机的正后方，再次是后排中间位置，最后是副驾驶的位置。

如果是主人驾驶车辆，那么最尊贵的位置便是副驾驶，后排右侧是第二尊位，左侧其次，中间最末。有一种情况最容易被忽视，如果前排客人中途下车，后排应依次递补到前排。

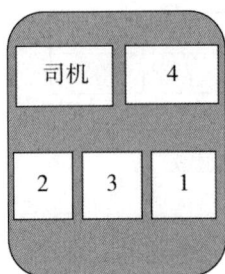 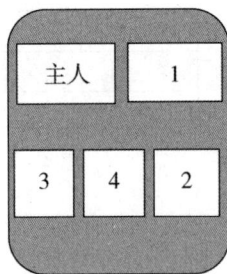

图 4-17　司机驾车时的座次安排　　　图 4-18　主人驾车时的座次安排

四、会客座次

会客座次礼仪的原则是：

第一，右方为上；

第二，居中为上；

第三，面门为上；

第四，远门为上；

第五，景观好的位子为上。

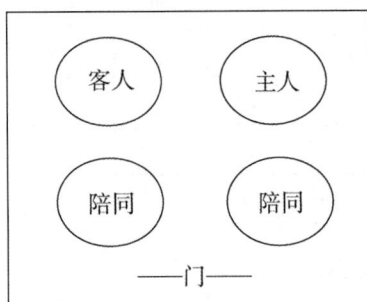 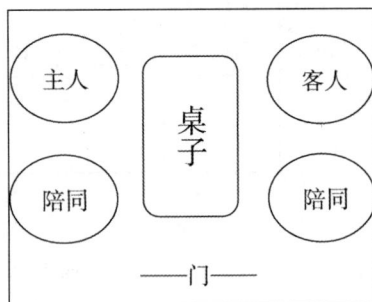

图 4-19　并列式　　　　　　　　图 4-20　相对式

五、宴请座次

众所周知，宴会不只是吃饭那么简单，通常是与社交相结合的。在社会交往中，宴请是非常普遍的社交方式，因为宴请既可以招待亲朋好友，也可以进行公务社交。因此，我们必须重视宴请时的座次。下面为大家介绍一些关于宴请的座次的基本要求。

宴请座次最主要的是餐桌座次，这种礼仪规范是从古至今流传下来的，比如

《红楼梦》中就详细描述过封建家庭生活中的餐桌座次问题。黛玉进贾府时，"贾母正面榻上独坐，两旁四张空椅，熙凤忙拉黛玉在左边第一张椅子上坐下，黛玉十分推让，贾母笑道：'你舅母和嫂子们是不在这里吃饭的。你是客，原该这么坐。'黛玉方告了坐……迎春坐右手第一，探春左手第二，惜春右手第二。"还比如贾府中秋赏月时，"凡桌椅形式皆是圆的，特取团圆之意。上面居中贾母坐下，左垂首贾赦、贾珍、贾琏、贾蓉，右垂首贾政、宝玉、贾环、贾兰，团团围坐。"贾母左边是贾赦，右边是贾政。贾府这样的封建大家庭也严格遵守长幼尊卑的座次规范，可见中国古代对餐桌座次问题十分讲究。

由于西餐和中餐对座次礼仪的要求大不相同，因此这里分开来讲中西方的宴请座次。

（一）中餐宴请的座次

座次问题可分为桌次和位次两方面，首先说桌次排列。

1. 中餐桌次排列

中餐宴请，往往是以圆桌为主布置菜肴、酒水。安排桌次时，除主桌可以略大以外，其他餐桌大小要一致。

如果是两桌以内的小型宴请，可以把桌子横排或者竖排，桌次排列一般是以右为尊，以远为上。当两桌为横向排列时，桌次是以右为尊。当两桌为竖排时，则以远门为上。横排和竖排常见的排列情况如下图所示。

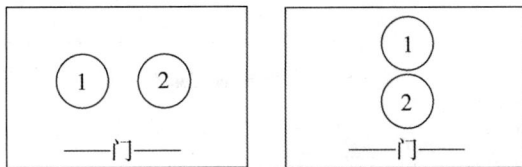

图 4-21　横排和竖排

如果是三桌或三桌以上，除了要遵循以远为上、以右为尊、面门为上的原则外，还应注意宴请有没有舞台，如果有舞台，则舞台前正中央一般是主桌。如果没有舞台，主桌一般设于餐厅正中央，距离主桌越近，地位就越高。

三桌宴请的桌次如下图所示。

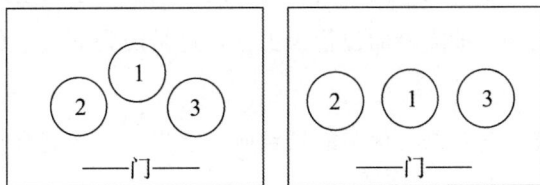

图 4-22　三桌宴请的桌次

四桌宴请的桌次如下图所示。

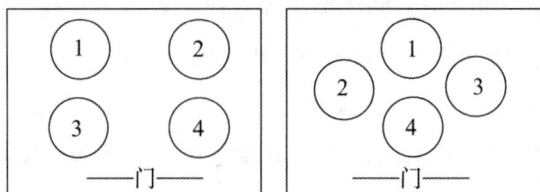

图 4-23 四桌宴请的桌次

五桌宴请的桌次如下图所示。

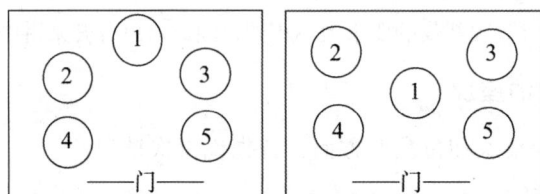

图 4-24 五桌宴请的桌次

六桌宴请的桌次如下图所示。

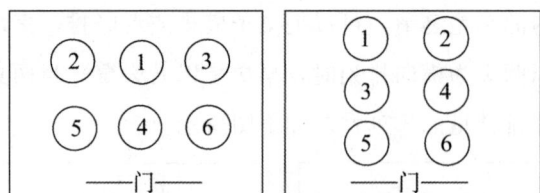

图 4-25 六桌宴请的桌次

2. 中餐座次排列

中餐宴请时，主人在主桌就座，大都面对正门而坐。每桌的主人代表位置一般和主桌主人相同。其他桌次根据主桌的位置，以近为上、以远为下。

进行位次排列时，有以下几个原则。

第一，以右为尊。并排就座时一般讲究以右座为上座，左座为下座。

第二，面门为上。面门者拥有更好的视野，因此面门为上，背门为下。

第三，中座为上。若三人一同就餐，则中间的位置尊于两边的位置。

第四，临墙为上。一般靠墙的位置为上座，这是因为靠过道的座位易受来往行人的打扰。

第五，观景为佳。若室内有优美的景致或者演出，那么观赏角度最佳的一般为上座。

以主人为中心的座次如下图所示。

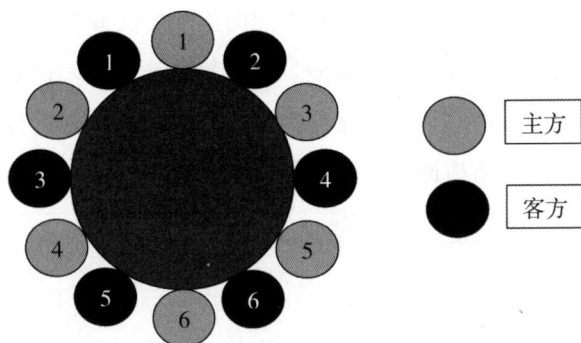

图 4-26　一位主人参加宴请时

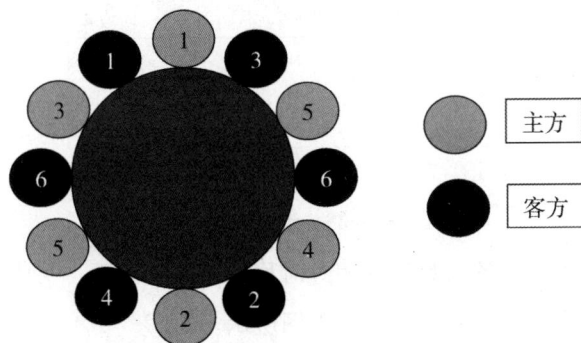

图 4-27　男女主人都参加宴请时

　　在中餐宴请中，每桌的人数多以双数为佳，最好是六人、八人、十人，人数应限定在十人之内，因为人数过多可能会导致照顾不周，发生拥挤等状况。

(二) 西餐宴请的座次

　　现代中西方国家交流频繁，在社会交往中免不了会遇到一些涉外场合，我们也可能会用西餐来招待客人，因此，学习西餐宴请的座次安排很有必要。因为西餐通常使用长桌，所以常见的餐桌的排列形式有门字形、T 字形等。

　　在西餐宴请中，需要遵守以下几条基本规则。

　　第一，以右为尊。

　　第二，女士优先。在西方观念中，女士往往需要得到照顾和尊重，这在西餐座次中也有所体现。

　　第三，以近为尊。这点和中餐一样，距离主人近的位置为上座，距离主人远的位置为下座。

　　第四。交叉排列。与中餐习惯将女方安排在一起不同，西餐宴请中一般是男女交叉安排座位。

第五，面门为上。和中餐相同，西餐中面向正门的位置为上位。

西餐的桌子大致分为长桌型和方桌型，大多数为长桌型。长桌的座位排列可以是男女主人分别坐在长桌两端，男宾靠近女主人落座，女宾靠近男主人落座，还可以是男女主人分别坐在长桌横面的两侧，如下图所示。

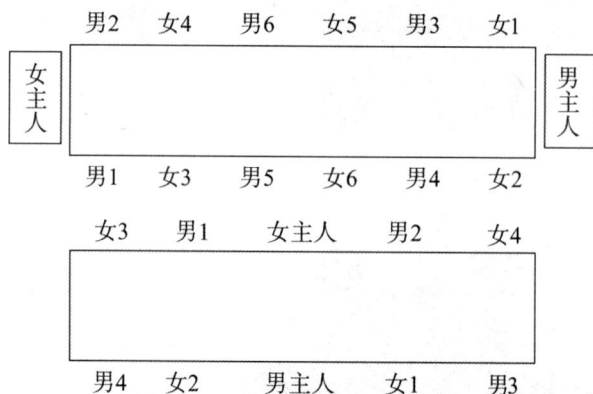

图 4-28　长桌座次

当使用方桌时，四周的人数最好相等对称。这种情况下，男女主人坐在对角线上，男女主人和男女主宾相对而坐，如下图所示。

图 4-29　方桌座次

（三）座次安排的注意事项

一般来说，座位要按照宾客的主次顺序安排，但是具体安排座位时，还需要考虑客人身份、就餐习惯（比如用左手吃饭）、相互之间有无矛盾隔阂等。

总而言之，座次安排虽然有一定的规范标准，但是我们要具体问题具体分析，根据实际情况适当做出调整。

★课后思考和练习

1. A 公司为了款待来自北京某大型企业的六位客人，决定安排一次商务中餐宴请，接待人员是公司的副总经理和五位员工代表。如果你是本次宴会的负责人，在宴请中，你会怎么安排他们的座次呢？请画图分析。

2.W 公司是一家跨国企业，今日有五位英国客人来谈合作，总经理让秘书安排他们去附近的一家西餐厅就餐，公司的总经理和其他三位员工陪同。为了表示对客人的尊重，秘书应该怎样安排座次呢？请画图分析。

第七节　馈赠礼仪

馈赠一般是人们为了表达某种感情而赠送他人礼物的行为，比如朋友生日时赠送生日礼物，同事搬家赠送礼物以贺乔迁之喜等。作为一种非语言的交际方式，得体合适的馈赠一般能拉近双方的距离，使交际更加有人情味，能够顺利进行，因此秘书应当了解有关馈赠礼物的礼仪。

千里送鹅毛

唐朝贞观年间，西域回纥国是大唐的藩国。一次，回纥国为了表示对大唐的友好，派使者缅伯高带了一批宝贝去拜见唐王。在这批贡物中，最珍贵的是一只罕见的珍禽——白天鹅。缅伯高最担心的就是这只白天鹅，万一它出事了，该如何向国王交代呢？一路上他亲自喂水喂食，一刻也不敢怠慢。这天，缅伯高来到沔阳河边，只见白天鹅伸长脖子，张着嘴巴，吃力地喘息，缅伯高心中不忍，便打开笼子，把白天鹅带到水边让它喝了个痛快。谁知白天鹅喝足了水，合颈一扇翅膀，"扑喇喇"飞上了天！缅伯高向前一扑，没能抓住白天鹅，只捡到几根羽毛，眼睁睁看着它飞得无影无踪。缅伯高捧着几根雪白的鹅毛，直愣愣地发呆，脑子里不断地想着一个问题："怎么办？进贡吧，怎么去见唐太宗呢？回去吧，又怎敢去见回纥国王呢！"

思前想后，缅伯高决定继续东行，他拿出一块洁白的绸子，小心翼翼地把鹅毛包好，又在绸子上题了一首诗："天鹅贡唐朝，山重路更遥。沔阳河失宝，回纥情难抛。上奉唐天子，请罪缅伯高。物轻人意重，千里送鹅毛！"缅伯高带着珠宝和鹅毛，披星戴月，不辞辛苦，不久就到了长安。唐太宗接见了缅伯高，缅伯高献上鹅毛。唐太宗看了那首诗，又听了缅伯高的诉说，不但没有怪罪他，反而觉得缅伯高忠诚老实，不辱使命，就重重地赏赐了他。从此，"千里送鹅毛，礼轻情意重"的故事就广泛地流传开来了。

一、礼品的选择

（一）选择对方心仪的礼品

由于文化差异、地理位置、生活习俗、信仰以及爱好的不同，不同的赠送对象对礼品的喜爱程度也是不同的，有一些礼品甚至会冒犯对方。因此，赠送礼品之前一定要了解赠送对象的喜好，特别是对方的忌讳。

在选择礼品时，我们要学会"投其所好"。我们送礼的目的就是让他人接受我们的礼品，并且感到愉悦。因此我们应该对赠送对象的喜好有一定的了解，选择合适的礼品。那么挑选礼品时应当根据不同的人、不同的情况来选择。一般来说，在国事访问中，宜向宾客赠送艺术品，比如送给客人代表本国手工技艺的丝织品等。出席家宴时，最好给女主人挑选一些精美的礼品，如果主人家中有小孩，也可以给小孩送玩具之类的礼品。探望病人时，最好送鲜花、水果等。生日聚会时，最好赠送一些别具一格的小礼品，或者赠送生日蛋糕、鲜花等。在涉外馈赠中，往往可以挑选一些具有中国特色的礼品，比如折扇、剪纸、字画、丝绸、茶叶等，这些往往更具有纪念意义。礼品的挑选还需要理清楚对方与自己的关系，要考虑对方与自己是否亲近，赠送对象的性别、文化差异等。这些都需要我们仔细甄别。比如，给身在国外的职员送上中国风的礼品，如筷子、旗袍等，有意识地使赠品与对方所在地的风俗习惯一致，这样才能表明对交往对象的尊重。而且，送人礼品与做其他许多事情一样，最忌讳千篇一律，想让受礼者留下深刻印象，就需要精心构思，力求使礼品具有独特性和时尚性。

礼品的选择也有一些需要注意的事项。首先，不能送违反法律的物品，如象牙制品等。其次，不能送不合时宜，且容易让人产生误会的礼品，如别人生日不宜送钟表，因为"送钟"与"送终"谐音，再比如送朋友结婚礼品，要避免送"伞、梨"，因为与"散、离"谐音，会让人产生误解。最后，要注意的是，选择礼品时，不要触及对方的风俗习惯和宗教信仰等方面的禁忌。

（二）把握好礼品的"轻重"

礼物"贵贱轻重"要掌握好，送得贵不如送得巧。不仅要考虑对方的接受程度，也不能不顾自己的经济实力。通常会认为礼物越贵重，则感情越深厚，但是礼品的贵贱程度却不能代表送礼人的情谊。一般来说，礼品数量不要过多，体积也不要过大，要方便对方携带。

（三）重视礼品的包装

如果礼品的包装十分寒酸，那么即使里面的礼物再贵重都会贬值，使对方轻视礼品的内在价值，也会让人感觉应付差事。包装一般要使用高质量的材料，包装纸的打包方法以及丝带系法也要尊重受礼者的文化习惯，从细节处展示我们对礼品的用心程度。

二、礼品的馈赠

选择了合适的礼品，还要知道如何赠送给他人，这就包括我们对赠送的场合、时机的选择以及赠礼时的表现。

一般来说，在赠礼时应该用双手落落大方地将礼品递到他人手中，而且要说一些寒暄语，不应过于害羞而低头不语。谦虚是中华民族的美德，所以送礼时一般喜欢说一些谦虚的话，比如"区区薄礼不成敬意，请笑纳"。但是西方国家一般会介绍自己礼品用途、特点等。虽然要谦虚，但是不应过于贬低，比如说"顺路买的""随便买的"等，这些话语容易让对方产生不被重视的误会。送礼的时候可轻描淡写地表示要顺便一起分享。比如赠送土特产食品时可以说，"尝尝我们家乡的特色"；赠送好友茶叶时，可以说"来试试这个茶叶的味道合不合口味"等。这样既提升了对方对礼物的兴致，也增进了友情。

赠送礼品时还要注意赠送场合。若赠礼时没有选对地点，则会使赠送礼品的作用大打折扣。一般情况下，不宜在公开场合送礼，也不宜把因公赠送的礼品拿到受礼者家里。如果是因公赠送的礼品，应当在工作地点赠送；如果是私人礼品，最好私下赠送。

赠送时机对馈赠来说至关重要，"雪中送炭"往往才是最珍贵的。通常情况下，我们可以选择节假日、嫁娶、生日、乔迁等日子去送礼；也可以在探视病人的时候送些水果、鲜花或者营养品表示问候与关心；还可以在相见和离别的时候赠送礼物，表达自己的感情。

三、礼品的接受

一般情况下，应该大方接受别人的礼品。我们应该停止自己正在做的事情，起身微笑并用双手接住礼品，然后和对方握手，并且向对方表达自己的感谢之情。要注意的是，仪态要端庄大方，不能扭捏做作。在国外，接受礼品要在表示感谢后当众拆开看；而在国内，除非送礼者要求，通常不会当面拆开礼物。

拆礼物时动作要优雅，不宜太鲁莽。拆封后，受礼者应该表现出对礼品的喜爱，将礼品放置在合适的地方。尤其要注意的是，不可对礼品挑三拣四，也不要询问价格。如果想要拒绝别人的礼物，也不能直截了当地拒绝，可以说："谢谢您的心意，我心领了。"还要给对方一个容易接受的理由。

"来而不往非礼也"，一般受到别人的馈赠后礼貌的做法是予以还礼，但是不应该立马就送礼物给对方，这样会给人一种交易的感觉。回赠礼物忌讳用相同的包装，送相同的礼物，会给人带来不接受之前的礼物的误会。

★课后思考和练习

1. 给别人送礼时要注意哪些禁忌？
2. 公司需要给外国的合作公司送礼，你有哪些好的提议？

第八节　餐桌礼仪

不论古今中外，吃饭这件事在人类的生活中一直扮演着重要的角色。请客吃饭不仅仅是吃一顿饭那么简单，还是一种十分重要的社交方式。一次宴请活动，从举手投足、一言一行中便可以看出一个人的素质和交际水平。莎士比亚曾说："在宴席上最让人开胃的就是主人的礼节。"可见无论是与朋友家人的家常便饭，还是参加正式的大型宴会，我们都不能忽视餐桌礼仪。

因为不同国家、不同民族都有自己的生活习惯和文化特点，所以各国、各民族对宴请中的行为规范也有不同的要求。

一、中餐的餐具礼仪

《礼记》云："夫礼之初，始诸饮食。"可见餐桌礼仪在古代就备受重视。中餐餐具很多，比如筷子、勺子、盘子、碗等，使用这些餐具也有一定的礼仪规范。

(一) 筷子

"筷子"又叫作"箸"，可以说是中餐中最重要的餐具，那么应该怎样正确使用筷子呢？

饭前筷子应对齐，摆放在餐具右侧，饭后可以竖向摆放在饭碗上。持筷的正确姿势应该是将两根筷子对齐，用右手执筷，大拇指和食指捏住筷子的中上端，另外的手指扶住筷子。

筷子的功能是夹食物，不要用筷子做夹菜以外的事情。下面说说使用筷子时的禁忌。

1. 犹豫不决

拿着筷子在菜盘上来回移动，却始终迟疑不下筷去夹菜，或者是用筷子去翻盘子里的菜，这些都是不礼貌的行为。

2. 滴滴答答

夹菜时"滴滴答答"流着菜汁，会显得自己笨手笨脚。如果是汤汁较多的菜肴，可以将菜碟靠近盘子后再夹，以免汤汁洒落。

3. 挑三拣四

用筷子夹了这个盘里的菜却不吃，又去改夹别的盘里的菜，会显得很贪婪、没有风度。

4. 吮吸咂嘴

吮吸筷子或把筷子含在嘴里嘬是十分不雅的，要坚决避免这一行为。

5. 敲敲打打

用筷子敲打碗盆或茶杯，是对主人的不尊重。另外在使用筷子时不要发出声响，尽量不要把筷子掉落在地上。

6. 竖插碗中

不要把筷子竖插在食物上面。一般这种插法只有在祭奠时才使用。

7. 长短不一

筷子长短不一被认为是极不吉利的。

（二）勺子

勺子在中餐餐具中也扮演了很重要的角色。勺子的正确使用方法是：用右手持勺，食指放在柄部的凹槽上，拇指和中指顺势扶住勺子，而我们生活中通常是将拇指放在凹槽上，其余手指支撑勺子。

勺子的主要作用是舀取菜肴、食物，可以辅助筷子夹菜，但如果不是特殊情况，最好不要单独用勺子取菜，用勺子取食物时，不宜过满，要确保汤汁不会洒出后再移回碟中。使用勺子时不能舔勺子，也不能把勺子全部放到嘴里。勺子应放在碟子上，不应该插在食物中。

（三）盘子

盘子在中餐中主要用于盛放食物，我们称之为"食碟"。用餐时不要取太多菜，最好不要把多种菜肴全部放在盘子里。骨头、鱼刺等应放在食碟前端，必要时示意侍者更换新的盘子，若食物残渣与菜肴交错，会显得十分脏乱和不雅。

（四）碗

碗的主要功能是盛放主食或者汤羹。正式场合中，不能将碗端起来使用，也不能伸出舌头舔碗中的食物。吃完后碗应该放在一旁，切勿倒扣。

（五）水杯

水杯的主要功能是盛放水或者饮料等。水杯不能用来盛酒，也不能用来漱口。

（六）牙签

牙签的主要功能是剔牙，但是进餐时最好不要当众剔牙，可以去卫生间剔牙，实在不行也要掩住嘴巴再剔。不要把玩牙签或是用嘴巴叼着牙签。

（七）湿巾

一般较为正式的中餐在餐前餐后都会提供湿巾，但是餐前餐后湿巾的用途不同。餐前湿巾的作用是擦手，餐后湿巾用来擦嘴，因此不能用湿巾擦脸、擦汗。

二、中餐的点菜礼仪

点菜在中餐宴请中是极其重要的，要做到既实惠又不失体面。主人应该照顾客人的口味，邀请客人点菜，但是也应该自己做主点一些拿得出手的好菜。作为客人，在点菜上不要显得过于积极，应把点菜的权利交给主人，若主人邀请，可询问大家的意见，点一些性价比高的菜。

（一）点菜原则

首先，看人数。一般人数和菜品数量要相对应，通常是人均一菜，可以根据具体情况适量增加。

其次，要注意菜肴搭配。中餐讲究荤素搭配，有冷有热。若在场的男士较多，可多点一些荤菜，若女士或小孩较多，可多点一些清淡的蔬菜或者点心。

最后，要考虑宴请的重要程度。如果是一般的商务宴请，那么菜品价格要适中。若宴请十分重要，就要多点几个有分量的菜。

（二）点菜中的"三优四忌"

一般在中餐点菜时，会有一些优先考虑的菜肴和一些禁忌的菜品。

优先考虑的菜肴有以下三种。

第一，中国特色菜肴。在有外宾的宴会上，应优先选择具有中国特色的菜品，比如春卷、饺子等。

第二，本地特色菜肴。如果宴请的客人是外地人，则应该优先考虑具有本地特色的菜品，比如西安羊肉泡馍、北京烤鸭等。

第三，本餐馆的招牌菜。一般餐馆都有自己的招牌特色菜，招牌菜不仅是这家餐馆的拿手好菜，也能表达出主人对这次宴请的重视程度。

四忌是指来宾的饮食禁忌。

第一，宗教的饮食禁忌。这点尤为重要。

第二，健康原因的饮食禁忌。比如，心脏病、高血压等病人不适合吃太咸太腻的饭菜，糖尿病人不适合吃过甜的食品。

第三，地区导致的饮食偏好。比如，湖南、四川、重庆等地的人普遍喜欢吃辛辣食物，而广东人一般喜食甜食，很多人不能吃辣。英美国家的人通常不吃动物内脏、动物的头部和脚爪。

第四，职业的特殊禁忌。一般公务宴请时不能超过国家规定的用餐标准。出于安全考虑，驾驶员在工作时不能喝酒。

三、中餐的上菜礼仪

清朝乾隆年间的才子袁枚，在其著作《随园食单》中，对上菜程序做了如下论述："上菜之法，咸者宜先，淡者宜后，浓者宜先，薄者宜后，无汤者宜先，有汤者宜后。度客食饱则脾困矣，需用辛辣以振动之；虑客酒多则胃疲矣，需用酸甘以提醒之。"袁枚的这段话，说明古代的人们非常重视上菜的顺序。然而，中国地域广阔，地方菜系比较多，上菜顺序大多不同。

中餐上菜顺序一般是先上冷菜后上热菜，先上清淡的后上浓厚的，汤羹、点心和水果一般最后上。根据不同宴席还会做出相应的改变，比如粤菜上菜顺序就是先汤后菜。

四、中餐的用餐礼仪

在享用美食的同时，我们也要注意就餐时的礼仪规范，整个就餐过程中动作要文雅得体。比如在主宾到齐，主人示意后才可下筷；对自己钟爱的菜品也不能贪心吃得过多；喝汤必须使用汤匙，不可将碗端起来直接喝；用餐时尽量不要发出过大的声响，不能吧唧嘴，也不要使餐具碰撞发出声响，尽量不使餐具掉落在地上，更要小心不能打翻汤碗、餐盘；用餐过程中应尽量避免打喷嚏、打嗝、吐痰等不文雅的行为；在接待访客，尤其是外宾时，不能为了表现热情就一直劝菜，更不要帮别人夹菜。

五、西餐的餐具礼仪

西餐餐具包括刀、叉、匙、盘、杯、餐巾等。每一种餐具又可以根据食物的不同分为很多不同的规格。

西餐整套餐具的摆法是有一定规范的。餐盘放在中央，折好的餐巾放在餐盘上，席位卡应放在餐盘的正前方。大多数情况下应该有三套刀叉，叉子放在餐盘左侧，叉子的锯齿朝上；刀放在餐盘的右侧，刀刃一侧朝向餐盘。餐匙可以放在餐刀右侧，匙心应朝上。面包碟一般放在餐盘的左上方，面包刀放在面包碟上；杯具放在餐盘右上方。甜品匙、甜品叉应该横放在餐盘正上方。具体如下图所示。

图 4-30　全套餐具

（一）刀叉的使用方法

正确姿势：左手持叉，右手持刀。先用叉子把食物按住，然后用刀切成小块，如下图所示。注意食指不要伸得过长按在刀背上，还要注意刀刃一侧要朝向自己。刀叉并用时，叉齿朝下，单独使用叉子时，叉齿朝上。叉可以单独用于取食某些头道菜和馅饼等无须切割的菜品。使用刀叉时要注意：不要发出过大声响，不宜切得过大，合适的大小是一口可以吃下。不能用刀插食物送入口中，使用叉子时牙齿应

图 4-31　刀叉持法

该只能碰到食物，不能碰到叉子。用餐时尤其要注意不要用刀叉指人。比较正式的西餐场合，餐具从外侧到内侧的摆放和上菜肴的先后顺序一致。因此，用餐时，一般要先用最外面的刀叉。

用餐期间刀叉的摆放还能传达一定的信息。刀叉呈八字形放于餐盘两侧，叉齿朝下，刀刃朝内，就表示还未吃完。（这里要注意的是不能将刀叉一端放在餐盘上，一端放在桌子上。）具体摆放如下图所示。

图 4-32　未吃完的餐具摆法

刀叉平行置于餐盘右侧，叉齿朝上，刀刃朝内则表示已经用餐完毕。具体摆放如下图所示。

图 4-33　已经吃完的餐具摆法

(二) 餐匙的使用方法

应用右手拿餐匙。汤匙规格最大，一般放在刀子右侧，只能用来喝汤，不能取菜。甜品匙一般横放在餐盘正上方。而茶匙、咖啡匙一般只用来搅拌，不能像汤匙一样舀取。

使用餐匙时，应以其前端入口，不要将整个餐匙全部放入口中。喝汤剩下少许时，一定不能端起汤碗对嘴喝。汤匙使用后不应再放回原处，也不应将其插入菜品中，而应将汤匙匙心向上摆放在盘子上。

(三) 餐巾的使用方法

如果是较大的餐巾可折成三角形（长方形可对折）平铺在腿上，注意折口要朝向膝盖。如果是小餐巾可以直接平铺在腿上，一般不可将餐巾挂在胸前。

图 4-34　餐巾铺法

餐巾可以保持衣服洁净，也可以用来掩口吐骨头，最主要的功能是擦嘴。擦嘴时需用餐巾的上端内侧来擦，不要用餐巾擦脸、擦汗、擦桌子或餐具。如果餐巾掉在地上，应该叫服务生捡起来，并且更换新的餐巾。如果在用餐过程中去卫生间，应该把餐巾放在自己的椅面上，不能放在桌子上，这样服务生会以为客人用餐结束，便会把盘子撤掉。

(四) 杯子的使用方法

一般正规宴会每一种酒水都有专用的杯子，比如香槟杯、水杯、红葡萄酒杯、白葡萄酒杯等。

香槟杯：香槟杯一般是窄且高的杯型，这样气泡不易扩散。在西餐中香槟杯一般放在最左侧。

水杯：水杯是高脚杯中体型较大的一个，与香槟酒杯、红、白酒杯并列时，位置在左二。

红葡萄酒杯：红葡萄酒杯杯肚一般略大，并且口向内缩，以方便闻香。位置在左三。

白葡萄酒杯：白葡萄酒杯的规格比红葡萄酒杯小，一般在右四的位置。

开胃酒杯：规格最小，一般放在最右侧。西餐酒杯一般是从右向左使用，故开胃酒杯应放在最右。

图 4-35　西餐全套酒杯

持酒杯的正确姿势应该是用手指握住杯柱，不能用手握住整个杯肚。

图 4-36　持酒杯的正确姿势

举杯时手应低于眼睛 5 厘米左右，碰杯时一般应比对方的杯口略低，以表示谦虚。碰杯时不要用整个酒杯去碰杯，而应该略微倾斜酒杯，仅仅用杯口碰杯。

图 4-37　碰杯的正确方法

如果酒喝完了，不要自己添酒，可以让服务生倒酒。

酒和菜的搭配原则：淡酒配味道清淡的主食，较烈的酒配味道重的主食。"白肉配白酒，红肉配红酒"，香槟可以和所有的菜肴搭配。一般红葡萄酒饮用温度为15～18℃，白葡萄酒饮用温度为 10～15℃，香槟饮用温度为 6～12℃。

六、西餐的上菜礼仪

一般中餐菜品十分丰富，冷菜热菜加起来可能会有十几种，但是西餐中每道菜一般只有一个菜品。而且吃一道上一道，并将上一道撤走。下面简单介绍西餐的上菜顺序。

第一道：头盘

头盘也称为开胃菜，一般来说头盘都是最具特色的一道菜，可以是冷的也可以是热的，菜量很少，味道以咸酸最为常见，比如鹅肝酱、焗蜗牛等。

第二道：汤

与中餐最后一道菜是汤羹不同，西餐的第二道菜就是汤。常见的汤有三种：红汤，一般是酸甜口味的；清汤，口味较为清淡；白汤，常见的是奶油蘑菇汤。

第三道：副菜

副菜的菜品一般是鱼类、贝类等。这类菜肴肉质鲜嫩并且容易消化，一般都配有专门的酱汁。

第四道：主菜

肉、禽类菜肴是主菜。常见的肉类有牛肉、羊肉、猪肉等，比如牛排、猪扒等。禽类菜品一般有鸡肉、鸭肉、鹅肉等。

牛排小知识

● 一分熟牛排（rare）：牛排内部为血红色，有大量血水。

● 三分熟牛排（medium rare）：牛排内部为桃红色，外熟内温。

● 五分熟牛排（medium）：牛排内部为粉红色且夹杂着浅灰和棕褐色，整个牛排温度较高。

● 七分熟牛排（medium well）：牛排内部主要为浅灰棕褐色，夹杂着粉红色，口感紧实。

● 全熟牛排（well done）：牛排内部为褐色，肉质较硬。

第五道：蔬菜类

蔬菜类菜品通常在肉类之后上，一般称为沙拉。沙拉不仅有蔬菜沙拉，也有用鱼、肉等制作的沙拉。沙拉一般都有特有的调味汁。

第六道：甜品

西餐的甜品包括所有主菜后的食物，种类十分丰富，有奶酪、布丁、薯条、三明治、曲奇饼、蛋糕、冰激凌、干果、水果等。

第七道：咖啡和茶

喝咖啡的礼仪

端咖啡：盛咖啡的杯子一般很小，手指无法穿过，但是如果杯子较大，要注意不要用手指穿过杯耳端杯子。正确的端咖啡姿势是，用拇指和食指捏住杯把。一般情况下，喝咖啡时不能只端起杯子饮用，应该用左手端碟子，右手持咖啡杯耳慢慢品尝。注意饮用时不要低头去就咖啡杯。

加糖：可以用咖啡匙取糖加入杯中，也可先用糖夹子把方糖夹在咖啡碟中，再用咖啡匙把方糖加进咖啡里，不要直接用糖夹子或用手把方糖放入杯内。

咖啡匙：咖啡匙的主要功能是加糖和搅拌咖啡，不要用咖啡匙舀咖啡喝。注意喝咖啡时不要把咖啡匙放在杯子中，而应放在咖啡碟上。

图 4-38　端咖啡杯的正确方法

七、西餐的用餐礼仪

　　入座时，女士不应该自己拉开椅子，正确的入座方式是男士为女士拉开椅子，女士从左侧进入椅子和餐桌的间隙站直，待男士将椅子推进来碰到腿弯时便可坐下。

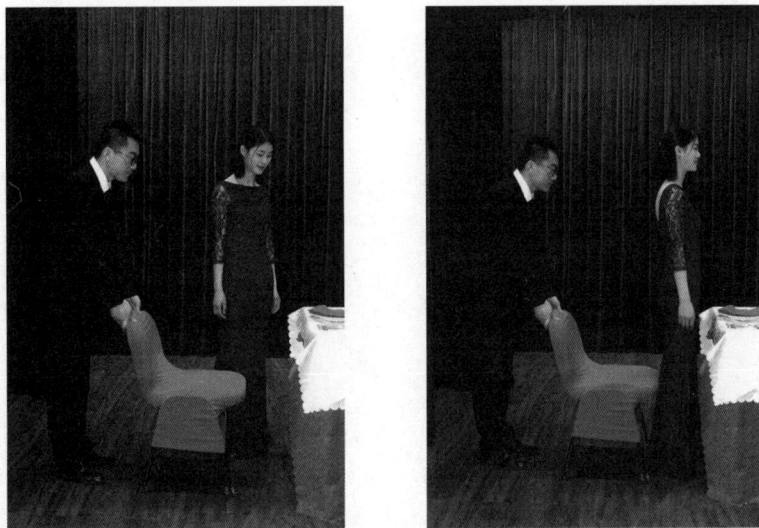

图 4-39　男士为女士拉开椅子，女士由左侧入座

　　就座时不要弯腰驼背，身体不要贴在餐桌上，也不能距离餐桌过远，注意手肘不要放在餐桌上，坐好之后将餐巾折好放在腿上。一般服务生会从左侧上菜，从右

侧倒酒。切食物时，手肘和手腕都要呈悬空状态。

用餐时，及时用餐巾擦干净嘴，若女士涂了口红更应擦掉，以免口红沾到杯子上。吃面条时用叉子将面条卷起来再吃。吃面包时不能整个拿着吃，要撕成小块再吃。

在就餐过程中，要注意自身形象，嘴里有东西时不要张口说话，不要用嘴吹热的菜品，不要吧唧嘴、舔嘴唇，就餐时尽量不要发出声音。

★课后思考和练习

1. 使用筷子时要注意哪些问题？

2. 假如你代表公司宴请外地的贵宾，点菜时应注意哪些问题？可以点些什么菜？

3. 演示吃西餐时的坐姿以及餐具的使用方法。

第五章　文书礼仪

第一节　文书礼仪的内涵和表现方式

文书礼仪是人们在书面交往时，为表示对读者的尊重、友好而必须遵守的礼仪规范和惯用的语言形式。文书礼仪是交往礼仪在文书中的体现，是营造良好的作者、读者关系的重要手段，是文章写作必须遵守的礼仪准则。

礼仪是"诚于内而形于外"的行为规范，虽然少不了一些表现于外的形式和手段，但更重要的是内在修养。缺少了内心的真诚，礼仪不过是巧言令色和徒具形式的繁文缛节。落实到文书礼仪方面，就是要求作者对读者的友善和尊重必须是发自内心的，简言之就是为文要真诚。《周易·乾·文言》云："修辞立其诚，所以居业也。"把诚恳当作文章写作甚至立业的根基，是有道理的。

从礼仪的含义看，礼仪是规范和准则。不遵守文书礼仪的作者，将会失礼于人，遭人厌恶、排斥，不仅直接阻碍文书交流功能的实现，还会失去他人的尊重，失去本可以支配的社会资源。这里必须明确的是，文书礼仪是礼仪规范而不是写作规范，二者的作用截然不同。礼仪规范是从道德层面对人言谈举止的约束，用于调节人际关系，使之更加和谐；写作规范是从文章技法层面对作者确立主旨、谋篇布局、遣词造句等写作活动的指导，其作用是提高文章的质量。

礼仪有四要素：礼仪主体，即行使礼仪的人；礼仪客体，即接受礼仪的人或物；礼仪媒介，即用来表达礼仪的方式、程序、物体；礼仪环境，即礼仪发挥作用的社会环境。文书礼仪也包括这四个要素，其主体是文书的作者，客体是文书的读者，媒介是文书，这三个要素容易理解，第四个要素文书礼仪的环境则较复杂，大致说来基本等同于语言学上所说的"语境"。从宏观上看，礼仪的环境包含国家、民族、文化、历史等要素；从微观上看，包括文书写作和使用的场合（时间、地点）、作者与读者的社会关系、发文的目的等具体要素。

文书礼仪的媒介是文书本身，并不意味着文书的所有要素都是用来表达礼仪的，文书里面只有一部分要素是用来表达礼仪的，只有这些要素才属于文书礼仪的媒介。

人类的礼仪活动虽说有很多种，但概括而言主要有两种：第一种是专门为礼仪目的而进行的纯粹的礼仪活动，如握手、拥抱、鞠躬等肢体动作，欢迎会、开业庆典等仪式类活动；第二种不是专门为礼仪目的进行但必须体现礼仪风范的活动，如服饰、就餐、乘车、接待、各种生产活动等，我们可以将其称作"复合式礼仪活动"。人类的礼仪行为，更多地存在于"复合式礼仪活动"中，文书写作就是这样一种复合式礼仪行为。文书写作必须讲究礼仪，但文书写作不仅仅是为了礼仪目的，即便那些专门的礼仪文书（感谢信、贺信、祝词、贺词、悼词等）的写作也不能仅仅当作一种礼仪行为来看待，它们还承担着礼仪之外的实用功能。

与两种礼仪活动相对应，礼仪媒介也可以分为两类：一是单纯以表达礼仪为目的的纯粹的礼仪媒介，如情人之间表达情意的玫瑰、向人致意的握手和拥抱等肢体动作；二是以其他目的为主同时体现礼仪的复合式（或曰"辅助式"）礼仪媒介，如竞赛场上的体育运动、谈判桌上的谈判行为等。人类使用最广泛最频繁的礼仪媒介恰恰是这种辅助式媒介，文书礼仪中的文书就是这样一种辅助式媒介，它要表现出作者的礼貌，但更重要的是要传达作者的思想、观念、态度和情感或者处理问题的办法和措施。因此，不能将文书整个看成礼仪媒介，不能将文书写作活动当成单纯的礼仪行为。文书里面只用来传达礼仪信息或主要用来传达礼仪信息的部分才是真正的礼仪文书的媒介，可称之为"文书礼仪表现方式"。

文书礼仪的表现方式有许多种，概括起来有形式和内容两个方面。

一、形式方面

文书礼仪最直观的表现就是礼节性的格式、恰当的称谓和敬语、妥帖的语言、美观的文面和清晰的条理等。

（一）礼节性的格式

一般而言，文书都有规范的体式，即格式。文书具有格式是基于功能和礼节两个原因。相应地，文书的格式也分为功能性格式和礼节性格式两个部分。功能性格式是指为提高文书拟写、制作、阅读的效率而形成的格式。公文的格式分为版头、主体和版记三个部分，每个部分都包含若干要素，每个要素都有特定的写作规范，这些格式项目多数属于功能性格式。礼节性格式是指单纯用来表达对读者尊重之意或兼有此功能的格式。比如书信开头处的问候语、结尾处的祝颂语即可被视为单纯表达礼节的格式要素。公文的主送机关、诉状的致达机关、书信的称谓的主要作用是指定读者对象，但其顶格书写（抬头）的格式要求则是出于礼仪的目的。公文发文机关标志的字号不能超过国务院文件，以此体现对最高政府机关的尊重；文头有大小之别，什么样级别的机关选用什么样的文头，体现的是下级对上级的尊重。这些规定都具有礼仪的功能。

在文书中，表现礼仪的主要就是这些礼节性格式，而不是所有的格式要素和格式规范。

（二）恰当的称谓和敬语

合适的称谓是交往礼仪中的重要部分，看似细微，影响却很大。文书礼仪的重要方面就是根据自己与读者的身份和关系，采用合适的称谓。称谓失当，会让受文者尴尬、恼怒。在行文中写上对对方适度的称誉，在称谓前后加上合适的敬语，在介绍别人的成绩时加上一些表示景仰、尊重的话，在文末献上真诚的祝愿，都可以表达对读者的亲善、友好，给人以彬彬有礼的良好印象。

（三）妥帖的语言

语言要做到准确、简练，尽量追求生动。含混不清、啰唆冗长、味同嚼蜡的语言是任何人都不愿意读的。阅读这样的文字，自然不会有好心情，如何能感受到作者的敬意呢？

语言要得体，根据身份关系、时间、地点等因素确定合适的语气、态度和情绪基调。清代刘熙载曾指出"文有仰视，有俯视，有平视。仰视者，其言恭；俯视者，其言慈；平视者，其言直"，说的就是语言得体的道理。

（四）美观的文面

文面是读者对文书的第一印象，排版规范大方、书写或印刷工整美观，文面整洁，不乱涂乱画，都是尊重读者的表现。

（五）清晰的条理

任何一篇文章都应该有明晰的思路，清楚的线索，将所有材料串联成一个有机的整体，做到结构严谨、层次清晰。只有这样，读者才能顺利地理清文章内容之间的关系，愉快地提取文章的信息，不仅获得知识上的满足，也获得心理上的满足。

二、内容方面

礼仪是"诚于内而形于外"的，除了形式方面的表现，文书的内容也可以体现出作者对读者的敬意。

（一）中心明确、观点鲜明、内容集中

中心即文书的主旨，是作者所要表达的主要观点、情感或办法、措施。文章的主旨必须明白而确定，不能模棱两可、模糊不清。否则，读者无法明了作者的意图。文书内容要集中，不枝不蔓，避免东拉西扯、散漫无羁，不要让读者读后不知所云。只有做到中心明确、观点鲜明和内容集中，读者的阅读活动才能顺利进行，不会产生烦躁、郁闷等负面情绪。

（二）感情真挚

人们都不愿意听到假话、套话和空话，也不愿意读自吹自擂的文章。所谓"修辞立其诚"，就是要求作者在写作时怀着对读者的真挚感情，说真话不做作，说实话不浮夸。把读者当作亲人、挚友，把写作当作与读者的心灵交流，由衷地对读者表示友好和尊重。这样写出来的东西，才能让读者感受到作者的热情和真诚，敞开心扉，产生共鸣，有一种被关爱、被尊重的心理满足感，读者也会回报给作者尊重和嘉许，形成良好的礼仪互动。

即使在批驳性文章中，也必须遵循礼仪规范。对敌人的批判，要做到以理服人、以情动人、以威严威慑人、以人格征服人，而不是恶毒地谩骂、肆意地攻击，否则即便打倒了对方，也会在风度、修养和礼节上败下阵来。总之，文书礼仪不是文书知识，更不是文书写作规范，而是文书写作过程中必须遵守的礼仪规则，是作者对读者真诚、友善和尊重的表现。

★课后思考和练习

1. 什么是文书礼仪？文书礼仪与礼仪文书有什么区别？
2. 试述文书礼仪写作中应注意的要点。

第二节　信函礼仪

一、业务信函礼仪

　　业务信函也就是平时所说的公函，是为开展各项业务而使用的一种文书形成。它在现代社会的运用极为广泛，尤其是随着社交生活、经济生活的长足发展，各类业务信函已经成为邮政信函的一个重要组成部分。

　　业务信函因业务的不同而分为许多种，一般来说，各种信函都有自己的独特之处，当然也有许多共同之处，其中最大的特色是"公"，无论是抬头、结尾，还是正文的用词，都与私人信函不同。

　　业务信函的内容完全取决于业务的性质，比起私人信函，它们内容上的共同要求是清楚明白、简明扼要。提笔写信以前，最好能认真仔细地考虑一下，想清楚要说什么和怎么说，然后礼貌而又开门见山地写出来，当谈完自己要谈的事情时，即刻收笔。结尾也不宜闲言碎语、拖拖沓沓。为稳妥起见，写这种信函最好还是先拟草稿，反复修改后再誊清或打印。这样的信函中，如果出现错字或病句，都是对自身形象的损害。

　　业务信函的抬头应郑重，私人信函中过分亲热的称呼在这里是不适用的。对相对熟识的人，你可以称呼"××先生"或"××女士"，对一般熟识的人则可以称其职务。这里的"熟识"可以是仅通信联系而从未谋面的情形：西方此类信函在上述称谓的前边加"亲爱的"，而我国习惯加"尊敬的"。如果想建立持续的业务联系，进而发展到私人关系，可以改变称呼而试探对方的意向，比如，可以直接改称"××兄"，或省去姓写"××先生"。如果对方的回信也如此称呼你，说明他认可了这种关系，如若不然最好还是沿用原来的称呼。

　　业务信函在许多情形下是写给不知姓名的人的，此时的称呼可以有以下情形：只称其为"先生"或"女士"（或小姐），且在前边加上"尊敬的"一类字眼；以职务相称，如"经理先生""编辑女士""服务员小姐"等。结尾的落款要求与抬头相对应，抬头是哪种关系程度的称呼，落款也应是相应的程度，比如，称呼是连姓带名的"×××先生"，落款就是连姓带名的"×××"；称呼是不带姓的"××先生"，落款就不带姓。大企业、大单位的业务用函往往是打印的，但落款处一定要亲笔签名。

一般的企事业单位都有自己的专用信笺和信封。高规格的业务活动对此两项也有比较严格的要求。一般来说，信笺、信封都应有单位的名称、标志以及地址、电话，样式应稳重而具有吸引力，质地尽可能优良，印刷尽可能优美，借以表明单位的实力和形象。

下面介绍几种常见信函的礼仪要求。

（一）邀请信

这是用于邀约的一种社交信函。邀请信一般内容都比较简单，但措辞要讲究，既要诚恳，又不能让对方觉得像是要挟。收到邀请的人无论应约与否，都要及时回复。

1. 语言要表达尊敬之意

邀请信的主要内容类似于通知，但又有几分商量的意思，不能是行政命令式的态度，用词一定要有礼貌。有些邀请信在开头还应解释一下自己不能亲自邀请的原因，以免引起不必要的误会。

2. 内容详细周全

邀请信是被邀请人进行必要准备的一个依据，所以各项事宜一定要在邀请信上全部说明，确保没有遗漏，使邀请对象可以有备而来，也可以为主办活动的个人或单位减少一些意想不到的麻烦。

3. 邀请信应提前发送

确保被邀人尽早拿到邀请书，可以使被邀请人提前对各项事务有一个统筹安排，避免出现来不及准备或拿到邀请书时已过期而参加不了活动的情况。

写作范例：

××大学建校 100 周年校庆校团委致海内外校友的邀请信

校团委筹备委员会

××××年××月××日

亲爱的海内外全体校友：

五月的江南，草长莺飞；五月的××园，欢声笑语。百年的弦歌，化成今日动人的音符；世纪的传诵，谱成今日绚丽的华章。××××年××月××日，是全体××人的节日，我们的母校——××大学将迎来百年华诞。我们谨代表 5 万余名在校师生员工，热忱邀请您重回母校，共同见证这一欢乐的时刻。

百年××，历经风雨，卓然自立，××之名不变，精神之火永存。一百年××的办学历史就是创造知识、启迪智慧、服务社会、报效国家的历史。百年中，××大学向社会输送了25万人才，其中包括以×××、×××、×××、×××为代表的百名院士。以"同舟共济、自强不息"为核心的××精神被代代××人相传、发扬光大。矢志不渝的爱国精神、同舟共济的团结精神、自强不息的奋斗精神、严谨求实的科学精神激励着××人为中华民族的振兴富强而努力奋斗。百年××最大的贡献是为国家和民族培养了大批爱国志士、科学英才，最宝贵的财富是遍布海内外的××学子！

20世纪90年代以来，××大学在国家高校布局调整中，实现教育部与××市共建。学校与××城市建设学院、××建筑材料工业学院、××铁道大学（原××铁道学院、××铁道医学院）实现并校融合，××航空工业学校划归管理，同时，学校又先后进入"211工程"和"面向21世纪教育振兴行动计划"建设行列。目前，学校迎来了历史上最好的发展机遇，百年学府正焕发着新的活力，努力向综合性、研究型、国际化的国际知名大学的目标迈进。

亲爱的校友，经过两年多的精心准备，百年庆典的大幕已经正式拉开，我们将以"同舟共济、继往开来"为主题，本着"隆重热烈、规模适度、注重实效、特色鲜明"的原则，举办一系列富有××特色的庆祝活动，以此答谢宾朋、缅怀先辈、凝聚校友、弘扬学术、光大传统、规划未来。

我们热诚邀请各位校友与在校师生员工一起，同舟共济，共度百年欢乐庆典；继往开来，共谋第二个百年的伟大宏图！

如蒙应允，敬请回执告知各自就读相关学院。如果因系、学科变迁不明确相关学院的，可直接与校友总会联系，学校百年校庆网站上也将公布有关的联系办法。

祝愿各位校友万事如意，阖家幸福！

（二）推荐信

1. 推荐信的含义及类型

推荐信是向单位或个人介绍某人担任某项职务或工作的信件。推荐信的收信者可以是单位或单位负责人，也可以是个人。

推荐信的种类按推荐对象分，有推荐人和推荐物两种类型；按作者分，有自我推荐和他人推荐两种类型。自我推荐，即作者表明自己适合担任某项工作或从事某种活动。他人推荐，即写信单位或个人向收信单位或个人介绍第三人的情况，希望对方能给予帮助或录用。推荐信要尽可能详细地介绍被推荐人的情况，要实事求是，态度上也要适当，要留有余地，不可强人所难。

2. 推荐信的写作技巧

（1）写明被推荐者的身份及基本状况。

（2）表明推荐者的推荐目的和愿望。

（3）表明被推荐者一旦被任用将会产生的作用或好处。此项内容用语可模糊些。

（4）格式同一般书信，也有的以"推荐信"为题。

写作范例一：

自荐信

××电台××节目组：

近日从贵台的广播中得知贵节目组要向社会各界招聘客座主持人，因此不揣冒昧，自荐于贵节目组。

自荐人，严××，女，现年 23 岁。现在西安市××公司公关部工作。×××× 年毕业于××广播学院。毕业后不能学以致用，常常深以为憾。贵节目组招聘客座主持人的消息，使我的"播音员之梦"又有了实现的希望。切盼贵节目组能应允我的自荐。如蒙聘用，我一定努力工作，不负厚望。

祝：工作顺利！

严××

××××年××月××日

写作范例二：

××大学文学院：

欣闻贵校最近要招收一批年轻教师，我谨推荐××同学到贵校工作。

××同学××××年毕业于××大学中文系古典文学专业，硕士学位。于×××× 年考入本校中文系古典文学专业攻读博士学位，师从××教授专攻唐宋文学。在校期间，学习刻苦，成绩优良，发表论文 5 篇，计 8 万字，其中《×××××××》曾引起学术界的重视。

××同学对中国古典文学尤其是唐宋文学有较深的理解，具备一定的研究能力，富有刻苦钻研精神。最近刚通过博士论文答辩。××同学有志于中国古典文学的研究，希望能学以致用。切盼贵校能采纳我的推荐意见，招收他为贵校教师。

　　顺致

夏安！

××大学校长　×××

××××年××月××日

（三）商洽信

　　这是单位或个人间业务联系的一种信函。这种信函旨在就某一问题进行书面商讨。无论是在个人间还是在组织间，首次就某一问题进行商洽时，要阐明这一事项的缘起、目的等，提出具体的意见和建议，乃至具体计划。如果是商业方面的商洽函，有关数据、指标等都要准确无误。商洽函应该恳切，采取征询的口吻，不能让人感觉是强其所难。

　　写作范例：

尊敬的××公司：

　　贵公司 2015 年 6 月 10 日从我公司购买一批办公用品，双方协议于 2015 年 9 月 10 日付款，现已过期××日有余，请贵公司尽快付清款额。良好的信誉是我们双方应共同遵守的，如果贵公司有什么困难，可来人或来函商议付款事宜。

　　望速回音。

　　恭祝

生意兴隆！

××公司

××××年××月××日

（四）庆贺信

　　庆贺信是表示庆祝的书信，是指党政机关、企事业单位、社会团体或者个人向其他的单位或个人表示祝贺的一种专用的书信。

　　庆贺信是从古代的祝词演变而来的，在今天已经成为对做出贡献的集体或个人进行表彰、赞赏、祝贺的常用形式，同时它还具有慰问的功能。

　　庆贺信是书信的一种，可以按照书信的方式来写。庆贺信的字里行间要流露出鲜明的感情色彩，要让人感到愉快和温暖，并从中受到鼓舞或者教育，从而喜上加喜、再接再厉。

1. 庆贺信的分类

（1）上级给下级的贺信或贺电。可以是上级对下级工作成绩的祝贺，可以是对其进行节日的祝贺。在这类贺词的最后，一般上级都会提出希望和要求。

（2）下级给上级的贺信或贺电。这类庆贺信一般是在全局工作取得进展或成绩的时候，下级对上级表示的祝贺，此外，还要向上级表明自己能够高质量、高标准地按时完成有关任务的自信和决心。

（3）平级单位之间的贺信或贺电。这类庆贺信一般就对方单位所取得的工作成就表示祝贺，同时也可以表明自己要向对方学习的谦虚态度，以及和对方长期保持友好关系和情意的美好愿望。

（4）国家之间的贺信或贺电。当有外交关系的国家新首脑就职，或者友好国家有重大的喜事之时，向对方表达祝贺。这是礼节上的需要，更是维护双方共同利益、谋求双方共同发展的重要方式。

（5）个人之间的贺信或贺电。这类庆贺信用于亲朋好友之间在重要节日、重大喜事中相互祝贺、鼓励；或者祝贺某人在学习、工作上取得了好的成绩。

2. 庆贺信的基本结构

庆贺信一般由标题、称谓、正文、结尾和落款五部分构成。

（1）标题。通常在第一行居中写上"庆贺信"的字样，有些会在"庆贺信"或者"贺电"的前面加上是谁给谁的庆贺，或者将庆贺的原因写明，个人之间的贺信或者贺电可以不写标题。

（2）称谓。顶格写上被祝贺的单位名称或者个人姓名，注意都要写全称，在个人姓名后面应加上相应的名称如"同志""师傅"等，称谓之后要用冒号。

（3）正文。庆贺信的正文包含以下几个方面的内容：首先，结合当前的状况，说明对方取得成绩的外部环境条件，或者说明某个重要的活动即将召开的历史条件。其次，概括地说明对方取得的成绩，分析其能够成功的主观原因和客观原因。如果是用来贺寿的庆贺信，一定要说明对方的贡献和他的高尚品德。正文部分是整个庆贺信的中心部分，一定要交代清楚庆贺的原因。最后，要写出自己祝贺的心情，由衷地向对方表达自己热烈的祝贺和真诚的慰问。同时，也要写一些鼓励的话，希望对方继续努力。

（4）结尾。结尾处一般要写上祝愿的话，比如"此致敬礼""祝取得更好的成绩""祝您健康长寿"等。

（5）落款。在右下角写上发文单位的名称或个人的姓名，署上成文时间。

写作范例：

贺　信

尊敬的各位老师、各位网友代表、各位同学：

大家好！

转眼间，我们××音乐网站已经三周岁了。在这个喜悦的日子里，我和许多同学、网友一样，为我们网站在众多传媒中拥有了这样的规模和影响而兴奋不已！

作为一名参与过网站工作的学生管理员，看到我们的网站终于实现了"拥有上万会员、为国内音乐界搭建学术平台"的既定目标，我由衷地感到喜悦和自豪！

此时此刻，回想起我们在××站长的呼吁下，四处奔走相告、辛苦打拼的情景，回想起我们在这三年里从蹒跚起步、咿呀学语到茁壮成长，如今终于崭露头角，回想起这个过程中的坎坷和困难，成绩与荣光，我们百感交集。在这三年的学习过程中，我们很幸运能够和网站一起成长，见证了它这一路的不屈不挠！

衷心希望，不管在线上还是线下，我们系和我们院的同学们都能够团结一心，再接再厉，将我们音乐网站的学术宗旨和传媒功能发展得更强大，更优秀！这是我们系的学术交流传播重任，以及广大网友赋予我们的责任！

再次祝福我们的网站三周岁快乐！

谢谢大家！

××系学生：××谨贺
××××年××月××日[1]

（五）致敬信

致敬信是向一定的对象表示敬意的信函。这种信函的对象通常情况下是个人，有时候也有团体，但这种情况不是很多。写信人可以是个人，也可以是组织。信的内容主要是称颂收信人的业绩、贡献，表达对他的敬意。如果对方曾关怀、帮助自己，信中也要提及。这种信函一般宜写得欢快、热情。致敬信还有宣传政策、鼓励奉献、教育群众、鞭策自己等作用。

致敬信的格式与一般书信差不多，但也有自己的一些特殊要求。如一般书信没有标题，致敬信却有标题。

致敬信由标题、称呼、正文、署名和日期组成。

---

[1] 王冠波等：《公文写作大全》，278页，北京，企业管理出版社，2012。

1. 标题

如无特殊规定，标题的形式一般是"给××的致敬信"，置于第一行的中间位置。

2. 称呼

一般情况下顶格写，有的还可以加上一定的限定、修饰词，如"敬爱的""尊敬的"等。

3. 正文

问候语作为文章的一部分，要独立成段，不可直接接下文，否则就会违反构段意义单一的要求，变成多义段了。在开头部分要简单阐述表达敬意的缘由，然后以具体事例为由，说明对方值得尊敬和赞赏的事迹。最后，表达个人殷切的希望和祝福，提出相应的政策性号召。

4. 署名和日期

写信人的姓名或单位名称写在正文右下方，下面一行写日期。

写作范例：

给离任市政协委员的致敬信

第四届市政协离任的各位委员：

你们好！

由于年龄、工作变动等原因，你们离开了领导岗位。值此中国人民政治协商会议××省××市第五届委员会第一次会议即将隆重召开之际，我们怀着无比留恋和敬佩的心情，向你们致以最诚挚的问候、最衷心的感谢和最崇高的敬意！

铁肩担道义，妙语建真言。你们在担任第四届市政协委员期间，以高度的政治责任感和强烈的历史使命感，在脚踏实地做好本职工作的基础上，满腔热忱地投身人民政协事业，认真履行政协委员职责，为推进我市经济、政治、文化、社会和生态文明建设做出了积极的贡献。五年来，在市委的坚强领导下，市政协主席班子团结一致，开拓创新，勤奋工作，带领大家围绕中心、服务大局，情系民生、心连群众。以自己的无私奉献在个人事业和政协史册上写下了光辉的一页。现在，你们虽然离开了市政协工作岗位，但你们为人民政协事业所付出的心血、汗水和做出的突出贡献，党和人民不会忘记，政协组织不会忘记。你们无愧于组织、无愧于时代，你们的名字将永远镌刻在人民政协事业发展的历史丰碑上！

人事有代谢，往来成古今。你们的优良作风和务实精神，将永远激励我们不辱使命、不负重托，团结奋进、勇往直前。刚刚闭幕的中共××市第五次代表大会，向全市人民发出了"努力当好科学发展排头兵、加快建设现代化国际化先进城市"的号召。在推动××市实现新发展的新的征途中,我们将继续发扬市政协的优良传统,秉承求实创新的工作作风,在中共××市委的坚强领导下,与时俱进、奋发有为,为迎接本市建立33周年、开创经济特区和人民政协事业更加美好的未来,做出新的贡献。

诚恳地希望你们一如既往地关心本市经济社会发展、支持市政协工作,继续发挥聪明才智,及时提出宝贵意见和建议。让我们共同努力,把我市政协工作继续推向前进,把我们的家园建设得更加美好!

衷心祝愿各位离任委员身体健康,家庭幸福,万事如意!

政协××市第五届委员会全体委员

××××年××月××日①

(六)慰问信

慰问信是以组织或个人的名义对在某方面做出特殊贡献或遇到意外损失、遭到巨大灾难的集体或个人关切致意,表示问候同情的一种书信。

1. 慰问信的适用范围

(1)表彰慰问。如慰问在抗震救灾、保卫国家和人民生命财产安全等重大斗争中做出卓越贡献的人民解放军、公安干警等,并表彰其英勇行为和先进事迹。

(2)遇灾慰问。如慰问由于某种原因(自然灾害、事故伤亡等)而遭受重大损失的人民群众,对其表示同情和安抚,并鼓励他们战胜困难,重建家园。对亲友的伤病等慰问也属这种情况。

(3)节日慰问。如教师节来临之际,写信向教育工作者表示节日的问候和祝贺。

2. 慰问信的写作格式

(1)标题。第一行正中写"慰问信"或"×××致×××的慰问信"等字样。

(2)称谓。第二行顶格写单位或个人名称。

(3)正文。第三行空两格起,写慰问的主要内容,包括以下三个方面。

第一,背景和原因。一般用文字简要陈述目前的形势,写明慰问的背景和原因,以提起下文。

第二,事实。应比较全面、具体地叙述对方的模范事迹或遇到的困难,然后向

---

① 如歌等:《现代公文写作规范与技巧》,319页,北京,海潮出版社,2012。

对方表示慰问和学习。

第三，结语。先结合形势与任务提出殷切的希望，接着表示共同的愿望和决心，最后用一句慰勉与祝愿的话结尾。

（4）署名和日期。全文结束后另起一行署名，然后在下面一行写上日期。

3. 慰问信的写作要求

首先，对象要明确。根据不同的对象确定慰问内容和重点。其次，感情要真挚。应以高度的政治热情，赞颂或慰勉对方，使人受到鼓舞。再次，期待要殷切。如"望多休息并注意以后在工作中不要过分操劳"。最后，语言要亲切。慰问信的主旨是向对方表示慰问，语言要精练、朴实、亲切、诚恳。可适当运用抒情的表达方式，忌用公式化、概念化的词语，也不宜套用呆板的公文语言。

写作范例：

致全市体育战线的慰问信

全市体育战线的同志们、朋友们：

光阴荏苒，岁月如歌。值此新春佳节之际，我谨代表××市体育局，向辛勤工作在全市体育战线的同志们、朋友们致以新春的祝福，向您及家人致以最美好的祝愿！

刚刚过去的 2008 年，是我市体育事业喜事连连、捷报频传的一年。在市委、市政府的坚强领导下，在省体育局的大力支持下，全市体育事业紧紧抓住北京奥运会举办的历史机遇，坚定不移地贯彻落实科学发展观，深化"全民健身与奥运同行"的主题，在发展奋斗中取得了新成绩。

我市培养输送国家女子曲棍球队主力队员××在北京奥运会上夺得奥运会银牌；成功举办××××—××××年全国排球联赛开幕式暨三场比赛、全国围棋甲级联赛、市第一届运动会；成功创建为国家级全民健身活动中心、国家高水平体育后备人才基地；"元九登高节"被省体育局确定为××省群众体育"五朵金花"之一；首次圆满参加××××中国体育旅游博览会暨××××中国国际体育用品博览会（冬季）；率先在全省启动乒乓球进机关工程；体育彩票销量再次突破 8200 万元；新建农民体育健身工程 191 个；成功创建"节约型"机关全市体育事业呈现出又好又快发展的崭新局面。这些成绩的取得，凝聚了全市每一个体育工作者的辛勤汗水。成绩永远属于你们，永远属于为体育事业不懈奋斗的体育人！

东方风来满眼春，宏图伟业催人急。在新的一年里，我们将继续保持奋发有为、开拓创新的精神状态，以增强市民体质、提高市民生活质量为目标，充分发挥体育在促进人的全面发展、推进经济社会发展方面的独特功能，坚持以"和谐中国，全民健身"为主题，以参加××省第一届全民健身运动会为契机，广泛开展群众体育活动；坚持以备战省十一运会为重点，推动竞技体育加快发展；坚持以举办高水平赛事为载体，努力提升××的影响力；坚持以市场运作为抓手，大力发展体育产业，努力推进全市体育事业再上新台阶。

衷心祝愿各位同志、朋友新年快乐，身体健康，工作顺利，阖家幸福！

××市体育局：×××

××××年××月××日

（七）吊唁信

这是祭奠死者（吊）、慰问家属（唁）的一种信函，信的目的是悼念死者和劝慰家属。这种信要针对具体对象遣词命意，文字要庄重、朴实，感情要真挚。吊唁信是在不能亲临悼念、慰问时使用的，因此应及时发出。吊唁信一般是发给丧家或治丧组织的。如果需要更快地让对方收到，也可以用电报，也就是唁电。

写作范例：

吊唁信

××大学：

惊悉师长×老逝世，无限悲痛。他的逝世是我国教育界、理论界的重大损失。×老的学问、道德和功绩将永垂青史，是后人学习的榜样。

×××

××××年××月××日

（八）感谢信

在社会生活中，单位或个人之间常常互相帮助、互相支援，涌现出许多好人好事。受援的一方为了答谢和表彰，往往采用感谢信的形式给对方写信，以谢相助、谢探访、谢称誉、谢悼唁、谢赠物等。影响较大、事迹突出的还可同时送交报刊社或电台请求宣传。

1. 感谢信的分类

可以根据感谢对象的特点分类。

（1）给集体的感谢信。个人遇到困难时，得到了集体的帮助，使自己渡过了难关，走出了困境，可以用感谢信的方式表达自己对集体的感激之情。

（2）给个人的感谢信。个人或者集体感谢某个人曾给予的帮助或照顾。

也可以根据感谢信的存在形式分类。

（1）公开张贴的感谢信。这种感谢信包括登报、电台广播或是电视台播报的感谢信等。

（2）寄往单位或个人的感谢信。这种感谢信直接寄给单位或个人。

2. 感谢信的格式

感谢信第一行正中写"感谢信"或"致××的感谢信"等字样，字体要大些。顶格书写感谢对象的单位名称或个人姓名。从第三行空两格起，写感谢的内容和感激的心情。结尾写上表示敬意、感激的话，如"致以最真挚的谢意"或"此致""敬礼"等。最后署单位名称或个人姓名，并注明写信的日期。

3. 感谢信的礼仪要求

首先，内容描述真实。叙述事迹要真实具体，人物、时间、地点及有关数字要绝对准确，关键部分要突出，并给对方恰如其分的评价。其次，感情体现丰富性。做到以事表情，以情感人。既要感情充沛，讲究文辞，又要避免平铺直叙或辞藻夸张。表达谢意的行动要符合实际，说到做到，切实可行。同时要讲究礼貌，开头的称呼、文中的用词、结尾的敬语都要符合双方的身份和社会交往中的习惯。最后，注意格式符合规范性。篇幅要简短，语句要精练，格式要符合一般书信的要求。

写作范例：

感谢信

××部队全体指战员：

我县今年遇到了特大洪水灾害。在万分紧急的情况下，你部全体干部、战士发扬无私无畏的战斗精神，同我县全体人民并肩战斗，赢得了抗洪斗争的胜利。你们这种心系人民无私忘我的精神是值得我们崇敬和学习的。为此，特向你们表示衷心的感谢！

我们决心在党中央的领导下，努力搞好工农业生产，以实际行动报答你们的关怀，为建设环境优美、文明和谐的城市而努力。

此致

敬礼

××省××县人民政府

××××年××月××日

（九）表扬信

表扬信是用来表彰好人好事、先进思想、先进事迹的一种书信，对弘扬先进思想、先进事迹，鼓励先进、鞭策后进，倡导健康向上的社会风气，加强精神文明建设都具有积极作用。表扬信可以以组织的名义写，也可以以个人的名义写。表扬信的发布方式可以是召开授奖大会由负责同志宣读，也可以送诸媒体登报、广播，还可以直接寄给被表扬单位、集体、个人的所在单位或上级机关。

1. 表扬信的分类

（1）以领导机关或群众团体的名义表彰其所属的单位、集体、个人。这种表扬信可以在授奖大会上由负责同志宣读，也可以登报、广播。

（2）群众之间的互相表扬，这种表扬信不仅赞颂对方的品德、风格，也有感谢的意思。

2. 表扬信的写作格式

（1）标题。正中写"表扬信"三个字。

（2）称谓。写被表扬的单位、个人的称呼。如果是写给个人的，应在姓名之后加上"同志""先生"等字样，后边加冒号，顶格写。

（3）正文。另起一行，空两格写表扬的内容：交代表扬的缘由。重点叙述人物事迹的发生、发展、结果及其意义。叙述要清楚，要突出本质的方面。事实本身就具有很大的说服力，因此，要让事实说话，少讲大道理。

（4）结尾。如果是写给被表扬者的所在单位或领导者的，可提出建议："在××中加以表扬""×××同志的优秀品德值得大家学习，建议予以表扬"等，如果是直接写给本人的，则要适当谈些"深受感动""值得我学习"等方面的内容。

（5）最后要写上表示祝愿的话，如"此致敬礼""祝好""谨表谢意""向你学习"等。但"此致""祝""谨表""向你"等字写在末尾，其余的字，要另起一行，顶格写。

（6）署名。最后写上单位名称或个人姓名。如果以个人名义写的表扬信，应在后面详细写上发信人的地址，签上自己的姓名，并在下方注明日期。

3. 表扬信的写作要求

（1）表扬信中要充分反映出被表扬对象的可贵品质、动人事迹，做到见人、见事、见精神，不能用空泛的大道理代替突出的动人事迹。

（2）表扬和赞颂要恰如其分、实事求是，不要以偏概全。

（3）表扬信的语气要热情恳切，情尽文畅。文字要朴素，篇幅要短小。

写作范例：

表扬信

××乡人民政府：

在××××年绿化工作中，你乡出色地完成了××山区的绿化指标，既严格地控制了乱砍滥伐现象，又杜绝了火灾的发生。这与你乡领导对环保工作的重视，各部门积极配合，方法正确、措施得务是分不开的。你们在贯彻环境保护这项基本国策中做出了可喜的成绩，为我县各乡镇做出了榜样。特来信予以表扬。希望你们继续努力、发扬光大，在环境保护工作上取得更大的成绩。

××县绿化工作委员会

××××年××月××日

二、求职自荐信函的礼仪

求职自荐信是毕业生向用人单位自我推荐的书面材料，是毕业生所有求职材料中最为关键的文件，其写作质量直接关系到择业的成功与否。

（一）称呼要得体

称呼是指对主送单位或收件人的呼语。如用人单位明确，可直接写上单位名称，前面以"尊敬的"加以修饰，后以领导职务落笔。如果单位不明确，则用统称"尊敬的贵单位（公司或学校）领导"领起，最好不要直接冠以最高领导的职务，这样容易引起第一读者的反感，难以达到目的。

（二）正文要详细

正文是自荐信的核心，开头应表示向对方的问候。主体部分一般包括简介、自荐目的、条件展示、愿望决心和结语五项内容。

第一，简介是对自身情况的说明，包括自荐人姓名、性别、民族、年龄、籍贯、政治面貌、文化程度、校系专业、家庭住址等要素，可以针对自荐目的做简单说明，不要冗长烦琐。

第二，自荐目的要写清信息来源、求职意向、承担工作目标等，要写得明确具体，但要把握分寸、简明扼要，既不能要求过高又不能模棱两可，给人以自负或自卑的负面印象。

第三，条件展示是自荐信的关键内容，主要应写清自己的才能和特长。要针对所求的工作，充分展示求职的条件。

第四，愿望决心部分要表示加盟对方组织的热切愿望，期望得到认可和接纳，态度自然恳切，不卑不亢。

第五，自荐信结语一般在正文之后按书信格式写上祝语或"此致敬礼""恭候佳音"之类的语句。

（三）落款要亲自签名

落款处要写上"自荐人×××"，并写明日期。随文处要说明回函的联系方式、邮政编码、地址、信箱号、电话号码及手机号等。如是打印件，署名处要留下空白，由求职人亲自签名，以示郑重和敬意。

写作范例：

求职自荐信

尊敬的领导：

您好！衷心地感谢您在百忙之中翻阅我的这份材料，并祝愿贵单位事业欣欣向荣、蒸蒸日上。

我是××××××学院××专业××届毕业生×××。自从进入大学之后，高考后的轻松、获知被录取的喜悦随风而逝，因为我得从新起点开始，继续努力奋斗，迎接新的挑战。大学四年是我思想、知识结构及心理成熟的四年。受惠于××××××学院浓厚的学习、创新氛围，熔融其中的我成了一名复合型人才。时光飞逝，我将怀着我童年的梦想、青年的理想离开我的母校，走上工作岗位。

××××××学院师生中一直流传着这样一句话"今天你以××××××学院为荣，明天××××××学院以你为荣"，从入学以来，我一直把它铭记在心，立志要在大学四年里全面发展自己，从适应社会发展的角度提高个人素质，将来真正能在本职工作上做出成绩，为母校争光。

我以"严"字当头，在学习上勤奋严谨，对课堂知识不懂就问，力求深刻理解。在掌握了本专业知识的基础上，不忘拓展自己的知识面，对课外知识也有比较广泛的涉猎。我还很重视英语的学习，不断努力扩大词汇量，英语口语交际能力也有了长足的进步。同时，为了全面提升个人素质，我积极参加各种活动，这些经历使我认识到团结合作的重要性，也学到了很多社交方面的知识，增加了阅历，相信这对我今后投身社会将起到重要的作用。

现在，我以满腔的热情，准备投身到现实社会这个大熔炉中，虽然会有很多艰难困苦，但我坚信，大学生活给我的精神财富能够使我战胜它们。

"长风破浪会有时，直挂云帆济沧海"。希望贵公司能给我一个发展的平台，我会好好珍惜它，并全力以赴，为实现自己的人生价值而奋斗，为贵公司的发展贡献力量。

　　此致

敬礼

×××

××××年××月××日

三、电子邮件的礼仪

电子邮件翻译自英文单词"email"，它表示通过电子通信系统进行信件的书写、发送和接收。通过电子邮件系统，用户可以用非常低廉的价格（不管发送到哪里，都只需负担电话费或网费），以非常快速的方式（几秒之内可以发送到世界上任何你指定的目的地），与世界上任何一个角落的网络用户联系，这些电子邮件可以包括文字、图像、声音等各种内容。

电子邮件从本质上来说仍是一种信函，但与传统邮件相比，电子邮件的优点是显而易见的——既减少了人力物力的消耗，节省了社会资源，又节约了时间，极大地提高了工作效率。电子邮件在全球范围内几乎可以忽略空间距离，达到收发的同步性，而与同样提供实时通信的电话和传真相比，电子邮件所需的费用极低。由于操作简单，投递迅速，收费低廉，易于保存，全球畅通无阻，电子邮件被广泛地应用于商务领域，成为企业间主要的交流方式之一。

为什么企业的商务函电往来需要遵循礼仪规则？主要有以下三方面的原因。首先，可以提升公司形象。电子邮件在传递邮件内容本身的同时，还反映了一个公司的整体形象。使用准确恰当的语言，可以树立一种专业的公司形象。其次，可以提高工作效率。显而易见，一封内容简单明了的电子邮件比一封拖沓冗长的电子邮件能提高工作效率。最后，可以避免给公司带来不必要的损失。公司员工如果不了解一些电子邮件中的礼仪，可能会在收发电子邮件的过程中造成某些歧义或误解，给公司带来经济损失，甚至惹上官司。因此，了解一些电子邮件中的礼仪规则是非常有必要的。

下面两个范例告诉我们：电子邮件中重要的不只是邮件的内容。

一位潜在客户在你公司的网站上看见感兴趣的产品，因此寄来电子邮件，希望获得进一步的资讯。由于想要快点回应，你匆忙做出回复，然后立刻按下"发送"按钮。你是不是应该多花点时间，给客户留下更好的印象呢？

（1）你是否称呼客户的名字，并加上适当的问候语？

（2）在发送邮件之前，你是否已读过一遍以避免出现错误？

（3）你是否做了拼字检查？

（4）你邮件中的语气是否友善且有帮助？

（5）你是否鼓励客户进一步和你联络？

你寄给业务联系人更新的价目表，你确定对方需要这项资讯，所以就将一大堆资料拼凑起来寄给对方，以省时省力。但你是否想过，运用更亲切的沟通方式，可能会带来更好的结果？此外，还要思考以下几个问题。

（1）你是否在邮件中提及你会致电对方以答复任何问题？这是一个和对方建立关系的好机会。

（2）价目表应当以附件的形式发送，还是放在本文中发送？

（3）你是否使用一目了然的主旨行？

（4）在按下"发送"按钮前有没有做过拼字检查？

使用电子邮件沟通时容易犯的错误往往不是实际内容或资料不足，而是不严谨、错误过多。你寄出的信息可能对收件者非常有用，但错误百出的邮件很难让人看出邮件中资料的价值。

电子邮件写作的礼仪规则包括以下几个方面。

（一）主题明确

在主题栏里用短短的几个字概括整个邮件的内容，精确地表达邮件的重点，便于收件人权衡邮件的轻重缓急，分别处理。尤其是回复信件时，要重新填写邮件主题。一般来讲，一封电子邮件包含一个主题，如询价、支付或出运。如果一封电子邮件中同时出现了几个主题，也应把每个主题单独归为一个段落，每个段落之间留有 2～3 行的空间，给人以非常清晰、一目了然的感觉。一定要记住：阅读电子邮件总是比阅读纸质的信件要吃力。

（二）内容简单明了，避免使用长句

想方设法把每句话压缩到 15～20 字。电子邮件是一种方便快捷的通信方式，语言要求自然和普通的信件不一样，要尽可能简洁地表达想表达的内容。同时，电子邮件本身也不能太长。试想：谁会有耐心读一封冗长的电子邮件？

（三）回复要及时

电子邮件正是由于快速便捷的特点才能在商务交往中得到广泛应用，因此最好在收到邮件 24 小时之内做出回复。如能在发送者发送邮件的同一个工作日内做出回复则更好，即你的客户在发送邮件的当日就收到你的回复，那么他对你个人及你的工作效率将会非常满意。

（四）不要在邮件中发送无用的附件

在未征得收件者同意的前提下，不要将毫无价值且体积过大的附件塞满收件者的邮箱。这不但可能会惹怒他们，甚至有可能使他们的邮件系统停止运行，而你也会因此而失去客户。

（五）避免使用大写的英文字母书写电子邮件

一般来说，用大写的英文字母书写的邮件阅读起来十分费劲。

（六）慎用首字母缩写和表情符号

一些首字母缩写在商务函电中经常出现，如 ASAP（as soon as possible），BTW（by the way）等。但我们应当尽量避免使用首字母缩写，因为收件者不一定理解这些缩写的含义，再者这些首字母缩写也与商务函电这种正式的文体不相符。同样的，一些表情符号也不应该出现在商务函电中。

（七）邮件发送前做阅读检查

从很多邮件中存在的拼写和语法错误可以看出，很多人写完电子邮件后，没有做任何检查就点击"发送"了。在发送邮件之前，通读一遍，检查其中的拼写、语法是否正确，标点符号的使用是否恰当是非常有必要的。错误的拼写、语法或标点不仅影响公司的形象，而且有可能导致对方对邮件内容的误解。此外，站在收件者的立场阅读和检查邮件能帮你更有效地表达自己的思想，避免歧义。

电子邮件中需要注意的礼节可能与日常社交不同，但目的却是一样的。由于对方阅读邮件时你并不在场，所以你无法判断对方的反应。按下"发送"按钮发出邮件后，就无法再改变邮件的内容了。因此，务必一次就正确表达，否则可能会导致客户疏离而失去生意。

★课后思考和练习

1. 求职自荐信有哪些写作特点？写作时应注意哪些问题？请以应届毕业生的名义写一封求职自荐信。

2. 感谢信有哪些写作特点和写作要求？

3. 慰问信有哪些写作特点和写作要求？

4. 写电子邮件应该遵循哪些礼仪规则？

5. 某兄弟学校的文学社将于 5 月 4 日举行"庆祝文学社成立十周年大会"，请你以本校文学社的名义写封贺信。

6. 班上有一位同学，在景区游戏玩时奋不顾身地跳入水中抢救落水儿童。请你以校团委的名义写封表扬信。

第三节　请柬礼仪

我国是礼仪之邦，自古以来就十分讲究礼节。在社会生活中反映一定礼节、仪式的文字，就是礼仪文书。请柬就是礼仪文书的一种。它的写作要求是文雅、精致、美观、大方。

一、请柬的概念及使用范围

请柬是单位或个人邀请有关人士出席隆重会议、典礼或参加某项活动时发出的礼仪性通知书，又叫请帖。请柬一般在重大活动或庄重场合才使用，它的使用范围十分广泛，包括节庆、奠基、开业、娱乐、宴会、典礼、仪式、展览、舞会、演出、新闻发布会等场合。在公关活动中，需要用请柬邀请的对象多为单位领导、社区代表、政府官员、协作单位负责人、新闻记者等，即使被邀请对象近在咫尺，也须发出请柬以表示主人对被邀请对象的尊敬、重视和礼遇，这样才容易被对方所接受。

二、请柬的结构与写法

一封完整的请柬由标题、称谓、正文、请语、附启、落款、日期七部分组成。

（一）标题

标题只需标注"请柬"或"请帖"，不需要在前加活动名称。因为请柬正文本身文字很少，活动名称在正文也会说明，所以在标题前加活动名称显得重复，也会使请柬失去庄重、美观的特点。标题的书写位置有两种，一是位于正文之上，二是单独占一页作为封面。请柬的封面一般要做艺术加工，力求雅致、精美，给人一种美的享受，如图案装饰、美术字体、烫金加彩等，但不能一味追求奢华，必须与内容相吻合。重大活动的请柬，要端庄大方；喜庆活动的请柬，要热烈欢快；一般活动的请柬，要真情洋溢。

（二）称谓

即被邀请者的名称。为体现"雅致"的特点，在人名后一般要加上尊称，如"先生""女士""小姐"，有职称、职务、学衔的可称"教授""博士""董事长""经理""主任""院长""处长"等，亦可将职务、学衔冠于姓名前，姓名后再加尊称，如"××系主任××教授""××处处长××女士""××公司董事长××先生"。假如邀请的是一个组织单位，不是某个人，这时只写职务加尊称，如"院长先生"。如果请对方组织自行确定具体出席人员，则只要求写组织名称，如"××大学"。称谓的位置有三种情况，第一种是另起一行顶格写上被邀请人的姓名或被邀请单位的名称，还有两种将在阐述请语时介绍。

（三）正文

请柬的正文比较简单，文字很少，只需用一句话写明邀请收受请柬的一方参加活动的名称形式或性质、时间及地点，不必叙述活动本身或邀请对方前来参加活动的意义。请柬虽是一种简单的书信形式，但又不同于一般书信，它在正文之上不加问候语。

（四）请语

请语是请柬所特有的，是请柬的重要特色。请柬一定要用请语，且必须是"雅语"。一般使用带有文言色彩的请语，如"敬请光临""恭请光临""恭请尊驾莅临指导""敬候莅临"等，不能用俗词口语。恰当地选择和使用这些带有文言色彩的请语，做到达雅兼备、谦敬得体，是请柬写作成功的保证，也是衡量一份请柬优劣的重要标准。

请语的书写位置有以下几种情况。可以书写于正文之下一行顶格、空两格或四格的位置，靠右或靠下竖写时空两格或四格。还可以将请语词组拆开，如将敬请、敬候、恭请等这些表示己方行为的词居右或居下（竖写时）书写，而将光临、届时光临、光临指导等表示对方行为的词另起一行顶格书写，以示恭敬，称谓在请语的己方和对方两个部分之间。还有一种书写形式是，请语书写完后，在其下一行空两格书写"此致"字样，将被邀请者称谓另起一行顶格书写，但不能在后面重复"光临"等请语中的成分。请语后不加标点符号。

（五）附启

即附加陈述。这部分并非每份请柬都有，应根据实际情况而定。附启的内容有时是具体的时间安排，如"开馆时间""演出一周"；有时是活动场所的地址、乘车路线、入场口、座席位置、座位号等；有时是注意事项，如"凭柬入场"等。附启书写于落款之上一行，请语之下，首行空两格书写，并用括号将附启内容括上。

（六）落款

为表示郑重，落款是不能省略的。可以标示组织名称，亦可署组织领导者的名字，或者二者兼用。如果是结婚请柬，要并排写上新婚夫妇二人的姓名，其后加上"敬启"或"谨上"之类的谦辞，位置在正文或附启右下角。

（七）日期

在落款下面，要用汉字写明具体的日期。需注意的是，请柬发出的日期距活动正式举办的日期不能少于三天，以便被邀请者做好准备，这也显示了对被邀请对象的尊重。

三、请柬写作的注意事项

请柬样式设计要美观、大方、精致、庄重。请柬不能用普通的稿纸或单位的信函纸写，要用红色或彩色印纸，并加上花边、图案等装饰，以示喜庆和对被邀请者的尊敬。语言要达雅兼备。"达"就是通顺、明白，不能让被邀请者产生误解；"雅"就是讲究文字美，根据具体场合、内容，采用得体礼貌的措辞。只有使用优美、典雅、热情、庄重的语言，被邀请者才会愉快和感到温暖。

语言表达要严谨、准确。一要写清被邀请者的姓名、身份、邀请的事由、应注意的事项等内容，不要赘述活动的意义。二要注意核对时间、地点和人物等内容，做到清晰明了、不出差错，否则就会造成对被邀请者的不尊重。

不是任何一种活动或会议都适宜发请柬。平常的小聚会就没必要发请柬。是否发请柬要视场合、对象、活动性质等酌情而定。

写作范例一：

请　束

×××女士/先生：

　　兹定于 12 月 31 日晚 7：00—9：00 在市政协礼堂举行新春茶话会，届时敬请光临。

　　此致

敬礼！

××市政治协商会
××××年××月××日

写作范例二：

新产品鉴定会请束

李××先生：

　　兹定于 6 月 5 日 9：00—18：00，在本市国贸大厦二楼会议室召开新产品鉴定会，敬请光临指导。

　　此致

敬礼！

××市××酒厂敬约
××××年××月××日

★课后思考和练习

　　1.××出版社建社 40 周年，拟请社会各界知名人士参加建社 40 周年座谈会。请写一份请束邀请××同志光临。

　　2. 李乾和夏新准备国庆节结婚，请你为他们设计一张请束。

第四节　启事礼仪

　　启事是有事要向社会公众说明，或者请求帮助解决，或者希望得到响应的一种诉求性应用文。使用者不限单位或个人。

　　启事最明显的特点是自我诉求，没有约束力。这种文体有的具有广告性质，可代替广告使用，但与广告有一定的区别。比如"寻人启事"，不能写成"寻人广告"；"征婚启事"切忌写成"征婚广告"。启事可以张贴、登报、在广播中播出、在电视台放映。

此外，要注意区分"声明"与"启事"。比如某某遗失了物品，如果是财务支票或其他重要凭证，应当用"声明"行文，郑重宣布作废；倘若丢东西的人有所诉求、希望公众协助找回，那么最好用"启事"而不用"声明"行文。

日常生活中，当我们路过街头巷尾的宣传栏，甚至看报时，常常可以见到"通知"或"通告"与"启事"混用、误用的情况。工作中，应该警惕这种文种乱用、混用、误用的情况，使应用文的写作更加科学、规范。

一、寻人启事

寻人启事特别常见，非常贴近百姓的生活。寻人启事是个人或单位为了寻找失踪的亲人、朋友或同事而向大众请求帮助时所用的一种应用文体。这种启事一般事前印刷好，自己张贴在交通要道或者人多的地方，或者请求登报或广播。

寻人启事通常包含三部分：标题、正文和落款。

标题：大多是把"寻人启事"四个字居中写。

正文：正文部分写成一段或分成三段均可。内容大致包括以下三点。一是被寻找者的单位、姓名，因为何种原因，在何时、何地失踪。二是被寻找的人的基本特征。三是如何与寻找单位或个人联系，以及如何表达感激和谢意。这部分内容务必写得清晰、明白、具体。

落款：署上寻人单位或个人的名称或名字及日期，还应注明联系单位或联系人的电话号码。

写作范例：

寻人启事

科研所的×××先生，由于精神分裂症，于××××年××月××日晚上7点在市精神病院出走。最近有关单位及医院负责人一直派人在附近城镇、乡村寻找，但始终未果，同时又通过《××日报》和"××人民广播电台"进行寻找，结果还是杳无音讯。为此，特请各地公安、行政、民政、乡镇、村庄等各界同志大力协助寻找。该先生今年夏季患病之前曾负责国家重点科研任务，是一位曾经为国家及科研工作做出较大贡献之人。

先生特征如下：

×××，男，48 岁，四川口音，会讲普通话，身高一米七八，国字脸，眉毛很浓，头发较多，间有白发，牙齿齐全。少言寡语，表情呆板。从医院出走时，上身穿涤卡中山服，下身穿西式黑色毛呢裤，脚穿黑色浅帮白塑料底单鞋。如有可提供相关线索者，敬请立即用电话或电报通知科研所或精神病院。若见到此人，劳烦好心人士代为照看。此间一切有关费用，均由我们负担。另有重金酬谢。

×××科研所

××××年××月××日[1]

二、寻物启事

寻物启事是个人或单位丢失了东西，利用公开声明的方式请求他人帮助时使用的一种应用文体。这种启事可张贴在不同的地方，如丢失地点、街头巷尾，或者刊登在报刊上。

寻物启事通常包括标题、正文和落款三部分。

标题：可以只写"寻物启事"四个字；也可以把要寻找的物品的名称写上，如"寻狗启事""寻证启事"等。

正文：要具体、详细地交代失物的名称、形状、特点、记号以及丢失的时间、地点等信息。

落款：在正文右下方写上失主的姓名、地址或单位名称并署上日期。如果文字多，可写成两行或三行。即便已在正文中交代过，也最好在这里重新交代清楚，以便拾到者把东西送回或通知失主认领。

寻物启事行文要诚恳。因丢失了物品而有求于人，故而在行文中要表达感激之情。此外，最好把关于拾者送物往返途中的费用由失主负担之类的话写清楚。还要写明给拾到者必要的酬金之类的内容。内容要周到、详尽。语言要明确、具体、中肯、有礼貌。

写作范例：

寻物启事

本人于 4 月 6 日在城东地铁站不慎将身份证、工作证遗失，有拾到者请交市邮

---

① 陈静：《职场礼仪一本通》，153 页，南昌，百花洲文艺出版社，2012。

电局×××，定酬谢，电话×××××××××。

×××

××××年××月××日

三、招领启事

招领启事是当个人或集体捡到他人的物品后，用书面形式请失主前来认领时使用的一种应用文体。这种启事有两种形式，一种是自己亲自执笔写好贴出，还有一种是捡到东西的人把捡到的东西交到有关单位，由接收单位代写启事。招领启事多张贴于人口密集处，也有在广播站、电视台播出或者登报的。

招领启事包含三部分：标题、正文、落款。

标题：在正文上方写上"招领启事"四个字，字要大一些。可以省略"启事"二字或者在标题前加上机关或团体名称。

正文：招领启事的详细内容。

落款：在正文右下方署上发布招领启事的个人名字或单位的名称（如果标题内已说明，就不必再写）和日期。

撰写招领启事的注意事项：为防止冒领，写启事时切勿描绘失物的细节，写清楚拾到什么、失主应到何处认领即可。失者在认领时需说明失物细节，经过核对属实后，才准其取走，以免出错。必要时最好请失主出示身份证或户口簿，甚至凭单位证明信方可取走。

写作范例：

招领启事

今晨 8 点半，我上班路过东觉巷时捡到一件上衣。下兜有信用卡两张，上兜内有现金若干、手机一部，请丢失该上衣的同志速到东觉巷派出所核实领取。

×××公司×××

××××年××月××日

四、招生启事

招生启事是各类学校为招收新学员而经常使用的一种应用文体。它多半采用张贴、登报等方式，或者通过电台、电视台进行宣传。有些部门、系统自己主办的学校，常以文件的形式下发到下属各有关单位进行宣传。随着成人教育、职业培训、技术培训等教育机构的不断发展，招生启事也越来越频繁地出现在人们的生活中。

比较正规的招生启事通常包含以下三个方面的内容：标题、正文、专业介绍。

标题有两种写法，一种是只写"招生启事"四个字；另一种是在"招生启事"前加上招生单位，例如，"百文教育招生启事"。

正文是启事的核心，主要内容应该包括：招生目的或宗旨、招生人数和专业、招生对象和录取办法、学习时间和内容等。

专业介绍大多在正文之后描述，具体介绍招生专业的情况。其内容有：该专业的培养目标、方案、主要课程、学制、考试形式等。

招生启事撰写注意事项：把主要内容分条陈述清楚。

写作范例：

招生启事

经市人民政府京政文（2005）101号文件批准，我校××××年招生工作决定如下。

一、招生人数和专业：招生总数为2000人。其中计算机专业700人，四年制；工业财务与会计专业700人，三年制；中文（秘书）专业600人，三年制。

二、招生对象和录取办法：参加今年普通高等学校招生全国统一考试，本市户口，未被其他高等院校录取，有走读条件的非在职考生。省高考办统一组织录取，坚持德、智、体全面考虑，择优录取。

三、有关政策：所有招收的学员均为收费生和走读生，不发放助学金，伙食、交通、医疗、教材费用全部由学生自理。本科生每学期学费为5000元，专科生每学期学费为4500元。

四、学习期满，通过毕业考试后发放毕业证书。毕业考试不合格者，不能留级，发放肄业证书。

××市经贸大学
××××年××月××日

附：专业介绍（略）

五、招工启事

招工启事是企业、工厂和其他用人单位在招收工人时使用的一种应用文体。这种启事可由一个企业单位单独发布，也可由几个企业单位联合发布。招工启事大都张贴在大街小巷，也会同时在报纸登出、在电台广播。

招工启事通常包括三个部分：标题、正文和落款。

标题：通常只写"招工启事"四个字，也有在"招工启事"前面写上招收单位名称的，如"××超市招工启事"。

正文：通常分为若干部分。如果有什么问题需要说明，可以在前言中说清楚。语言要简洁，写明招工来源、工作要求、报名方法、报名地点等。

落款：在正文右下方署上姓名和日期，如果是几个单位联合发出的启事，要把每个单位的名称都写上。

招工启事撰写注意事项：执笔人应该统筹兼顾，多了解相关的政策信息。

写作范例：

招工启事

经××市劳动局批准，××市第三建筑公司近期要招收 300 名合同制工人。招收的工人全部为土建施工员。

招工要求：我市城镇户口，18～40 周岁，高中毕业，身体状况良好，热爱建筑工作，吃苦耐劳。

报名办法：凭毕业证、户口本报名，下岗失业工人凭失业证、再就业证书优先报名。

报名时需要交两张近期一寸免冠照片。

招收办法：体检合格的人员，依先留先招原则择优录取。

报名地点：第三建筑公司招工办事处。

报名时间：2017 年 10 月 22 日—11 月 19 日。

★课后思考和练习

1.××大学××学院贾涛同学于 3 月 5 日下午，在校园内不慎丢失一本《大学语文》，封面上写有本人的姓名。请你按照启事的写作要求，代贾涛写一则寻物启事。

2."七一"快要到了，××大学党委宣传部决定在全校发起一次"颂党"的征文活动，请你以该校学生会的名义写一份《"颂党"征文启事》，要写清楚这次征文活动的目的和要求，格式和落款要正确。正文内容不超过 300 字。

第五节 其他类型的礼仪文书

一、聘书

（一）聘书的概念和种类

聘书，也称"聘请书"。它是聘请外单位的人员或者本单位专业职称人员，担任本单位某种职务或承担某种工作时使用的特殊文书。聘书大多有统一的格式，通常是印刷成品，填写后加盖公章并让负责人签名即可。

有时为了表示对被聘用者的器重和敬仰，有些单位负责人会事先写信表示欢迎，这叫聘任信。写聘任信可视应聘对象的具体情况而定。对一些有才干、知名度较高的人，应该以热忱的态度请求其前来应聘。对一般应聘者，可写清楚工作的条件、性质和要求，请应聘者考虑，并表示欢迎。当受聘者同意受聘后，便由聘用单位的主要行政负责人发放聘书。聘书这一形式，标志着需求方对受聘者的信任和尊重。聘书的授予，会加强受聘人员的责任感。随着我国行政首长负责制的推行，这种类型的聘书将会日趋普遍。

聘书种类不多，行文简短，且有较固定的印刷格式，只需按项目填写。从聘用内容看，可分为行政职务和专业职称两大类。一类是行政职务，如中学校长、副校长、教导主任等，高校的各处（室），各系（室）正、副主任等。这在实行聘任制的教育、教学单位是较为普遍的一种聘任形式。另一类是指专业技术职称的不同职级的聘任情况，如教授、客座教授、副教授、研究员、副研究员等。

从形式上，聘书可分为单卡式和册簿式两类。单卡式即一张印有"聘书"字头式样，其文均为空白、须自己书写的聘书。这类聘书，较为简易，可根据需求临时拟文。册簿式，即有封皮的纪念册式的聘书。这类聘书较为庄重，事先印好了有关项目，只需要逐条填写，具有一定的保存价值。

（二）聘书的特点

聘书，也可以有不同的级别。根据技术职级的不同类别，颁发聘书单位的不同，聘书也自然有别。聘书是受聘与被聘双方的聘用证据，也是受聘者的一种荣誉标志。它具有一定的时间性、依据性和实用性。

聘书的时间性，是指只有在限定的时间内，所聘职务才有效，过了规定时间，聘书就失去了作用。从这个方面来说，时间性是聘书的生命。聘书还具有依据性。聘书是受聘者能力和水平的一种证明（并非全部），因此，它可以是受聘者职级高低、职务大小等情况的一个说明。用人单位可以从聘书中了解受聘者的思想业务情况，作为任用或升降级的依据。聘书的实用性，体现在人才交流过程中。可以用聘书作为自己业务工作的汇报，作为实际工作情况的参考。

（三）聘书的写作

聘书的内容一般包括以下几点。

（1）聘请缘由。一般用"为了""为""由于""鉴于"等字样，这部分越简明越好，但有的聘书，也可以不写聘请缘由，可视不同情况而定。

（2）被聘者姓名。要求直书其名，不宜称"马老""李副教授""朱老师"等。

（3）聘请做何事或任何职。这是聘书的主要内容，受聘者担任何职，从事何事，必须写得一清二楚，不能含糊其辞。如"任我院中文系客座教授，担任89级本科三、四班先秦文学课××节""担任我校少先队政治辅导员，负责全校学雷锋活动的组织领导工作"等。

（4）必须写清被聘用时间。

（5）有的聘书中会写上对被聘者的希望、祝愿之类的话，如"诚望为人才培养奉献丹心""祝您辛勤耕耘，再获丰收"等。也有的聘书会在结尾写上对受聘者的要求，但因与合同不同，言辞不宜死板。

写作范例：

聘　书

为做好我市推广普通话的工作，特聘请李××同志为我市推普工作委员会顾问并负责编写《普通话通俗读物》工作。聘期叁年（自2012年2月28日起至2015年2月28日止），望认真学好有关文件，深入调查研究，为我市推广普通话工作做出新贡献。

××省××市推普工作委员会（印）

主任×××（印）

2012年2月15日

二、欢迎辞

欢迎辞是机关、团体和企事业单位常用的一种重要的公关礼仪文书，常用于在迎接宾客的仪式、集会和宴会上对宾客的光临表示热烈欢迎。

（一）欢迎辞的结构

欢迎辞的结构大体上由以下几部分组成。

1. 标题

标题一般应由致辞场合、致辞人和文种三个要素组成，如"在欢迎日本松下集团考察团宴会上×××总经理的欢迎辞"；也可以省略致辞人姓名，只以场合和文种名称为题，如"在××公司组建 10 周年庆典上的欢迎辞"；还可以直接以"欢迎辞"作为标题。

2. 称谓

称谓即对被欢迎宾客的称呼，一定要写得礼貌得体。用语要确切、亲和，一般应在称呼之前冠以"尊敬的""亲爱的"之类的修饰语，并在其后加上被欢迎宾客的头衔，也可加"先生""女士""夫人"之类的称谓。

3. 正文

正文是欢迎辞的主体，应根据实际情况表达不同的内容。一般应先交代致辞者在何种情况下，代表谁向宾客表示欢迎、感谢和问候；接下来要阐明宾客来访的目的、意义和作用，同时回顾宾主双方交往的历史，对宾客在交往过程中所做的贡献予以赞扬，突出双方的合作成果，表示继续加强合作的意愿，还要用充满激情的笔调，对合作的前景做出展望。

4. 结尾

结尾一般位于正文的右下方，由致辞的机关、致词人签名并写上日期。

（二）欢迎辞的写作要求

1. 以礼待人，情真意切

撰写欢迎辞，一定要根据宾客的实际情况和特定的场合，以诚恳热情、情真意切作为第一要义，充分体现出对宾客的尊重之情和友好合作之意。即便双方在交往中存在分歧，行文中如有涉及也应力求用语巧妙，含蓄婉转，既不要伤害对方的感情，又要表达出自己的立场原则。

2. 用语恳切、简练

欢迎辞要用简明扼要的语言充分表达出对宾客的欢迎之意，使之感到亲切自然，避免使用一些没有实际意义的虚言浮词，让人产生反感。

3. 篇幅短小精悍

欢迎辞一般适用于典礼、喜庆仪式、公众集会或者设宴款待等特定场合，因此篇幅应简短，切忌长篇大论，空洞乏味。

写作范例：

欢迎辞

××市地方税务局各位领导、各位来宾：

大家上午好！

在这金秋送爽、丹桂飘香的季节，我们十分高兴地迎来了省人大××领导一行来我局视察。我代表市地税局向省人大领导一行表示热烈欢迎和衷心感谢！省人大领导一行的到来，证明省人大对我市地税工作的关心和重视，是对我市地税工作的大力支持和帮忙，必将推动地税事业更好、更快的发展，为开创地税工作新局面起到促进作用。

我局始终把学习实践科学发展观作为地税工作的动力，始终以服务地方经济建设为根本，以潜力建设为核心，强科学发展意识，立科学发展对策，求科学发展实效，建科学发展机制，坚持地税工作为当地经济发展服务，地税干部为纳税人服务，地税机关为基层服务，着力提升依法治税水平、税源管理水平、队伍建设水平，全力打造高效和谐的服务型地税队伍。全市地税事业实现了快速发展，各项工作均迈上了新台阶。

上半年，我们努力克服金融危机和政策性减收等不利因素的影响，全市共组织入库地方税收××亿元，同比增收××亿元，增长××％，收入总量超过××××年，再创历史新高。全市地方税收增幅高于全省地方税收平均增幅××个百分点，高于全市财政总收入增幅××个百分点，持续实现了地税收入平稳增长，为我市经济社会发展带来了有力的财力保障。

各项工作实现重大突破，得到了全社会的肯定。今年以来，全市地税系统共获得市级以上群众荣誉××多项，其中国家级荣誉××项，省级荣誉××项，市级荣誉××多项。市地税局荣获"全国精神礼貌建设先进单位""全国'五五'普法中期先进群众""全省先进基层党组织""××市十佳职业道德建设先进单位"等称号，市局办税服务厅获"全国女职工建功立业标兵岗"，局领导班子以优异的成绩获得了全市"十佳领导班子"和"十佳领导干部"的荣誉。

恳请各位领导对我市地税工作提出宝贵意见，督促和帮助我们更好地改善作风，推动我市地税工作的发展！

最后，祝各位领导在视察工作期间工作顺利、身体健康、万事如意！

三、欢送辞

（一）欢送辞的概念

欢送辞是指在向客人告别的正式场合中主人发表的送别客人的言辞。

（二）欢送辞的分类

欢送辞从表达方式上可分为现场讲演的欢送辞和报刊发表的欢送辞。欢送辞从社交的性质上可分为私人交往欢送辞和公事往来欢送辞。

（三）欢送辞的写作技巧

1. 欢送辞的写作格式

欢送辞的写作格式一般与欢迎辞相同，只是正文部分的内容有所区别。欢送辞应对客人表示热烈欢送并对客人在来访期间取得的成绩予以肯定和适当的评价。结束语要用生动感人的语言对客人表示希望和勉励，并表示出对客人的不舍。

2. 欢送辞的写作要求

（1）称呼用尊称，注意宾客的地位和身份，致辞要恰到好处，感情要真挚、诚恳、不夸张。

（2）措辞要慎重，勿信口开河，要尊重对方的风俗习惯，以免发生误会。

（3）语言精确、热情、友好。

（4）言简意赅，篇幅不宜过长。欢送辞也是一种礼节性的社交公关辞令，要短小精悍，这样更宜于表达主人对客人的尊重。

写作范例：

致××××届全体毕业生的欢送词

亲爱的××××届毕业生同学们：

春华秋实，日月轮转，四年前你们满怀激情与××××××大学相拥，如今就要挥手告别这熟悉的校园。你们带着历史的使命，带着人生的理想，带着沉甸甸的知识和广大后勤员工的眷恋，即将开启人生新的征程。值此离别之际，后勤服务集团学生公寓管理服务中心全体员工向你们致以诚挚的祝福，祝你们潇洒坚定，再接再厉！

回首四年，我们朝夕相处，为了能让你们住得放心、舒心，后勤集团公寓中心的员工们不辞劳苦、默默奉献，生怕出现工作疏忽而影响你们的学习与生活。有同学生病了，我们关切地前去看望；闹别扭了，我们更是力所能及地加以劝导，渐渐地，我们之间情深似海，融为一家。诚然，我们的服务可能还不尽善尽美，但你们的理解与支持，将是我们不断改进和完善工作的动力，你们对公寓的热爱将给我们留下美好的回忆。

亲爱的毕业生同学们，还记得校园里那些早出晚归、专心学习、刻苦钻研的身影吗？还记得报告厅、大舞台、运动场上青春激扬、魅力四射的你吗？你们即将踏上新的征程，"踏踏实实做人，认认真真做事"是公寓中心对你们的临别赠言！无论你们在世界的哪个角落，祖国的哪片土地，母校在关注你们，公寓中心的员工们在关注你们！你们在社会的各个领域中做出的贡献，将为母校增添无数灿烂的光环，母校期待你们的佳音！

通往成功的道路有千条万条，抬起头，仰望星空，你会发现未来的人生将充满希望。要相信，未来一定是属于你们的，愿你们今后的道路一帆风顺，前程似锦！

××××××大学后勤集团公寓中心

××××年××月××日

四、答谢辞

答谢辞，是指在特定的公共礼仪场合，主人致欢迎辞或欢送辞后，客人发表的对主人的热情接待和关照表示谢意的讲话，同时也指客人在主人的热情款待或受助方在施助方提供帮助后表达谢意的讲话。依据不同的答谢缘由和答谢内容，答谢辞可分为谢遇型和谢恩型两种。

答谢辞的格式和写法与欢迎辞、欢送辞基本相同，只是正文的内容有所不同。答谢辞首先是对对方致以衷心地感谢，然后对对方的成就和双方的友谊表示赞颂，最后提出自己的希望和良好的祝愿。

写作范例：

在××国际机场××城市候机楼投入使用启动仪式上的答谢辞

（××××年××月××日）

尊敬的×××副市长，

尊敬的×××处长，

尊敬的×××书记，

尊敬的各位领导、各位来宾、朋友们：

大家好！

天时人事日相催，冬去阳生春又来。在这孕育希望的美好季节，我们相聚在美丽的山城××，共同庆祝××国际机场××城市候机楼投入使用。首先，我代表全体员工向与会的各位领导和来宾朋友，表示热烈的欢迎和衷心的感谢！

××城市候机楼是××国际机场股份有限公司和××市航空服务有限公司的合作项目。在××市政府和××省机场管理集团公司领导的亲切关怀和各界朋友的鼎力帮助下，今天正式运营了。

××市航空服务有限公司成立于××××年，是经国际民用航空协会和中国民用航空协会批准认证的民航业代理人。多年来，在市委、市政府和相关部门的关心、支持下，在各航空公司的帮助下，我们秉承"航程有限、服务永远"的企业宗旨，不仅拥有覆盖全市并延伸××地区的售票网络，而且由单一航空售票服务发展至民航、铁路、公路、船运为一体的"出行一站式"全方位票务服务体系。今天，××城市候机楼的正式运营，是××国际机场在××山城的服务延伸，当地办理登机牌和通往机场的巴士让您有走出家门就到达机场的感觉。我们将以热忱的服务为出行者提供舒适便捷的飞行体验，××国际机场××城市候机楼"让您的梦想从这里飞翔"。

××城市候机楼的发展壮大离不开××国际机场和各航空公司的扶持，离不开各级政府和相关部门的帮助，更离不开社会各界的支持。我们将大力弘扬"真诚包容、勇于担当、重行务实、创业自强"的城市精神，励精图治，奋发图强，满足山城人民日益增长的服务需求，努力打造同行业优秀品牌，为提升××城市服务功能、建成综合交通网络和东北东部区域交通中心尽绵薄之力，为山城人民提高生活幸福指数增添色彩。

最后，再一次感谢各位领导在百忙之中莅临指导，感谢各位来宾的光临。

祝各位领导及各位来宾身体安康，工作顺利！

五、喜报

喜报是报告喜讯的专用书信。它有两种类型：一种是某个单位在工作中取得了显著成绩或完成了重大发明创造，向上级单位或重要会议报喜；另一种是个人或集体在学习、工作中取得优异成绩，获得某种光荣称号，上级机关向有关方面或家属报喜。

喜报写作要注意以下几点。

(1) 简要说明完成了什么任务、取得了什么成绩或批准了什么要求。

(2) 概括说明取得成绩的原因。

(3) 表明今后如何进一步完成更艰巨的任务或取得更大的成绩。

(4) 喜报内容一定要实事求是。

(5) 喜报的格式和一般书信相同。

写作范例一：

喜　报

商业局党委：

我厂于××月××日提前完成了第二季度局里下达的生产任务，特向局党委报喜！

我厂能如此迅速地完成了生产任务，是在局党委的正确领导下，全厂职工同心协力、开拓拼搏、苦干实干的结果。

现在，我们正精心安排，再接再厉，为争取保质保量提前完成第三季度生产任务而奋斗！

此致

敬礼！

××厂全体同志
××××年××月××日

写作范例二：

喜　报

×××同志：

由于你在工作中创造了 40 万米无疵布的优异成绩，因此，荣获纺织工业部颁发的"三八红旗手"光荣称号。

特此报喜

××省××纺织厂党委

××××年××月××日

六、捷报

捷报是一种下级向上级或个人向组织报告所取得的成绩、成就或战绩时使用的上行式特殊书信。"捷"包括胜利与快速两层意思。捷报，意在把胜利的消息尽快传播出去，因此又叫"快报"。

(一) 捷报的作用

(1) 及时反映战斗、生产成绩，使上级组织和部门能尽快了解情况，掌握全局，提出指导性的意见。

(2) 鼓舞士气，激励有关人员的工作斗志。

(3) 密切上下级之间、组织和个人之间的关系。

(二) 捷报的写作要求

(1) 快捷、及时地反映工作中取得的重大成就，使有关上级部门或领导能尽早了解情况、掌握全局，做出下一步的决策。

(2) 取得突出成就，具有较大较普遍的影响时才使用捷报。这样才能更好地发挥捷报的社会作用。

(3) 捷报的内容应真实、具体，有数据的应写明确切数据。对所取得的成就要实事求是，不夸大、不贬低，这样才能让人信服。

(4) 语言应简洁明晰，通俗易懂，不要使用生僻的字眼或堆砌辞藻，内容应高度凝练，篇幅要短小精悍。

(三) 捷报的写作方法

捷报主要由信件名称、受信者称谓、正文、结语、署名和日期五部分构成。

1. 信件名称

在第一行正中用较大字体写"捷报"二字。

2. 受信者称谓

另起一行，顶格书写受信者单位名称或个人职务和姓名。在个人姓名后加上

"同志""先生"等恰当称呼，并在其后加冒号。

3. 正文

另起一行，空两格书写捷报内容，包括取得的成就（成绩）及取得成就（成绩）或胜利完成任务的原因、今后的设想和打算等。

4. 结语

另起一行，空两格写"特此报捷"，后面不加标点符号。

5. 署名和日期

在信件的右下方写上发信人的单位名称、集体总称或个人职务、姓名，在署名下方写上发信的准确日期。

写作范例一：

捷 报

××市市政建设指挥部：

为迎接中华人民共和国成立××周年和党的××大胜利召开，我部各级人员积极努力，克服困难，胜利完成了××路排水管网改造工程。将于本月××日竣工，比预定期限提早整整××个月。

特此报捷

××路工程指挥所
××××年××月××日

写作范例二：

捷 报

××厂领导：

车间从今年实行岗位责任制，大大调动了职工的生产积极性，月月创造新纪录。到4月底为止，已提前两个月完成了上半年的生产任务。特此报捷！

我们决心戒骄戒躁，再接再厉，努力夺取更大的成绩。

××车间全体职工
××××年××月××日

七、贺词

贺词是庆贺节日、纪念日、特别事件或某人、某组织取得的特殊成绩、成果的言辞。它一般是表示祝贺的，适用范围非常广泛，大到国庆日、民族节日的庆典，小到个人的生日、小成就都可能使用到贺词。

（一）贺词的类别

（1）按照贺词的内容不同，可分为庆典贺词、节日贺词、生日贺词、事件贺词等。

（2）按贺词的篇幅不同，可分为短贺词、长贺词。前者一般用于贺卡、贺电、贺诗、贺联之类，要求简洁、明快、意味隽永、集中地表达出庆贺的意愿。长贺词一般用于贺信、节日贺词、庆典贺词等，通常除了庆贺的常用语外，还要交代成绩、成果、节日、庆典的状况等。

（二）贺词的结构与写法

1. 标题

比较随意，没有固定的要求，有的甚至没有标题。

2. 称呼

抬头顶格写被庆贺的单位或个人的名称或名字，根据庆贺人与被庆贺人的关系，恰当地在名称或名字前后加修饰用语，比如"亲爱的××""亲爱的××小姐""××先生"等。

3. 正文

根据贺词的篇幅安排正文。如果是短贺词，就不要求详细介绍庆贺的缘由、感受和具体的情况，只需要用简短精练的语言表现出诚挚的祝贺之意，比如"祝新年快乐，万事如意""祝您福如东海、寿比南山"，而且这类短贺词的结尾一般要使用叹号。如果是长贺词，那就要详细交代庆贺的缘由、庆贺人的强烈祝愿之意，若是庆贺特别的成绩、成果、事件，则要把情况说清楚，并对其意义、贡献进行评价、赞扬，号召相关人员进行学习。

4. 落款

在正文右下方分两行写明庆贺人的姓名，日期可写可不写。

（三）贺词写作的注意事项

第一，贺词是表示庆贺的应用文体，因此用语要注意感情色彩，力求热情洋溢、真挚，使人愉快和受到鼓舞，不能使用谴责、批评的词句。

第二，贺词的适用范围很广，情况不同写法也有所不同，它没有固定的格式，可根据庆贺对象的身份、性别、年龄等确定贺词内容。

第三，贺词一般要写明庆贺的事由，向谁祝贺，祝贺什么，为什么要祝贺等。

写作范例：

元旦贺词

老师们、同学们：

一元复始，万象更新。在这辞旧迎新之际，我们谨代表学院党委和行政向一年来辛勤工作在教学、科研、管理和后勤服务等各个岗位上的全院师生员工致以节日的祝贺！向老有所为、心系学院发展的全体离退休老同志以及关心、支持××学院事业发展的历届校友和社会各界朋友表示诚挚的问候！祝大家新年快乐、身体健康、万事如意、阖家幸福！

即将过去的××××年是令人难忘的一年。全国高校党建工作会议的召开，赋予了教育战线更加光荣的历史使命。××××年也是我院各项工作取得显著成绩的一年。学院团结和带领全院师生员工一心一意谋发展，聚精会神搞建设，积极实施"两步走"的宏伟发展战略，使学院办学规模进一步扩大，办学条件不断改善，办学活力不断增强，教育教学质量稳步提高，师资队伍、教学设备、基础设施和新校区建设取得了重大进展，为学院"××五"建设和发展奠定了坚实的基础。这些成绩的取得，是全院师生员工辛勤工作的结果，是全体离退休老同志关心支持的结果，是各级政府和社会各界人士大力帮助的结果，在新年钟声即将敲响之际，谨向大家表示衷心的感谢和诚挚的敬意！

即将到来的××××年既是充满希望的一年，也是我院深化改革和加快发展极其关键的一年。学院将召开一届二次教代会，讨论制定"××五"发展规划，迎接教学工作水平评估也将进入关键阶段，学科专业建设、教师队伍建设和学院基本建设等方面会面临更加繁重而艰巨的任务，学院各项事业将实现新的发展。希望全院师生员工团结一致，扎实工作，立足本职岗位，心系学院发展，在各自的岗位上为学院新的跨越再立新功。

让我们携起手来，共创××学院美好辉煌的未来！

××学院党委　书记　×××

××学院　院长　×××[①]

---

① 关彤：《现代实用交际写作》，231页，北京，中华工商联合出版社，2007。

八、主持词

礼仪会议、节庆、娱乐活动、红白喜事等一般要由主持人来主持。主持人在这些场合的讲话叫作主持词，也叫串词。

除会议主持人是与会议召开单位有关的领导或工作人员外，其他活动的主持人叫礼仪主持人。礼仪主持人已成为一种新职业。

根据主持的内容和主持人身份的不同，主持词可分为会议主持词和礼仪主持词两大类。

会议主持词是会议主持人主持各类会议时在会议开头、中间串联、结束总结时的讲话，会议主持词准备充分是顺利召开会议的前提。

礼仪主持词是从事礼仪活动的主持人在整个活动过程中所说的话。主持词左右着活动的进程、气氛和关系沟通，主持词的好坏关系着活动的成败或活动质量的高低。

（一）主持词的结构与写法

1. 标题

标题有三种类型：其一，单标文种名称，即"主持词"；其二，由主持内容和文种构成，如"婚礼主持词"；其三，由主持人、主持内容和文种构成，如"×××在××大会上的主持词"。

2. 称谓

要根据参加会议（或活动）的对象确定称谓，如果参加会议（活动）的对象较为复杂，要注意称谓应能包括所有对象，不要有遗漏。如果是国际性会议，应依国际上的习惯称谓。如果有特殊身份的人物参加会议（活动），也可以在称谓中特别提出来，甚至可以放在前面，比如捐赠仪式的主持词，可以首先特别提到捐赠者的姓名和称呼，如"×××先生（女士）、各位领导、朋友们、同志们"。称谓要热情友好，可以加头衔或表示亲切、尊重的词语。

3. 正文

正文由开头、主文和结语组成。

（1）开头。首先写明会议（活动）名称，宣告会议（活动）开幕（开始），接着介绍出席人。会议主持词，出席人以职务（职称）高低为序排列；重大活动主持词，以领导人、来宾的职位或地位高低为序；生日、婚礼等私人喜庆活动，以亲疏、辈分为序。

（2）主文。一般先交代会议召开或活动举行的意义，会议或活动的内容。接着，按会议（活动）程序撰写主持词，推动会议（活动）按预定程序进行。不同类型的主持词有不同的写法。会议主持词一般按照会议程序写作，不宜添枝加叶。如果会议有多人发言，可在介绍下一位发言者前对上一位发言者的发言内容进行简要概括，必要时还可以加上恰当的赞语。礼仪活动主持词也要按照预定程序写作，但是，根据活动内容的不同，措辞应该生动活泼一些。礼仪活动往往安排了来宾参与的项目，主持词应该创造气氛，协调关系，使活动有条不紊而又生动活泼地进行。如果活动有多个项目或环节，在开始下一个项目或环节前，要对上一个项目或环节的内容进行简要概括，并加上肯定、赞赏之词。

（3）结语。对会议（活动）进行概况，宣布会议（活动）结束。会议主持词有时加上会议结束后的安排等，活动主持词则有时加上祝福语等充满情感的词语。

4.落款

包括主持人的姓名和主持活动的日期。落款可写在文末，也可写在标题下方。

（二）撰写主持词的注意事项

1.主持词要得体

要弄清会议（活动）的程序、内容、出席人等基本情况，并以此确定基调是严肃还是活泼。基调严肃的要做到严丝合缝，不得有闪失；基调活泼的要注意调动宾客的情绪，营造热烈的氛围。

2.主持词要连贯

要分清主次，前后连接，自然过渡，结构流畅。切忌程序混乱，前后矛盾或横生枝节，放而不收。

3.主持词要繁简得当

主持词全文不宜太长，太长了会喧宾夺主，出现主持人唱独角戏的尴尬局面。相比较而言，礼仪活动主持词的篇幅比会议主持词长些，详尽些，但也不能恣意发挥，"目中无人"。

4.主持词要随机应变

有时会议（尤其是喜庆活动）中会出现意外情况，主持人应该随机应变，增删或修改主持词。如遇到主持人决定不了的意外事项，还要请示有关领导或活动的主人，或与有关人员商议修改主持词。

写作范例：

农牧业产业化建设现场观摩总结会主持词

同志们：

旗委、政府组织这次农区种植业暨农牧业产业化建设现场观摩会，目的就是全面检查上半年农区种植业暨农牧业产业化建设，分析农业生产中面临的新形势，查找工作中存在的问题，研究部署下半年及为明年打基础的工作，确保今年我旗农牧业和农村经济发展目标顺利实现。从昨天开始，利用一天半时间，对农区5乡镇和××××等共31个示范点有代表性地进行了观摩学习，我认为，无论对大家还是我本人，启发是很大的，总体印象是：农作物长势喜人，整体发展态势良好，示范点有看头，经验有学头。今天的总结会就是要进一步认清形势，统一思想，坚定做好今年农业和农村经济工作的信心。一会儿大家都要发言，××旗长要做重要讲话。参加今天总结会议的有：旗委副书记、政府旗长××同志、旗人大常委会副主任×××同志、旗政协副主席×××同志、旗委调研员×××同志、旗人民政府助理调研员×××同志、老干部×××、×××两位同志以及各涉农部门的主要领导和农区各乡镇的党政领导。今天总结会议的议程有七项：

第一项：农区各乡镇汇报上半年农业和农村经济工作完成情况及下半年工作安排。

第二项：各涉农部门发言。

第三项：旗人大、政协领导讲话。

第四项：旗委、政府调研员讲话。

第五项：老干部代表讲话。

第六项：旗委副书记、政府旗长××同志讲话。

第七项：会议小结。

下面依次进行：

第一项：请农区各乡镇汇报上半年农业和农村经济工作完成情况及下半年工作安排。

第二项：请各涉农部门发言。（发言顺序：信用联社、农电局、农牧业局、农业服务中心、林业局、水务局、农区畜牧业推进办、扶贫办、开发办）

第三项：请旗人大、政协领导讲话。（发言顺序：人大、政协）

第四项：请旗委、政府调研员讲话。（发言顺序：旗委刘调研、政府胡调研）

第五项：请老干部代表讲话。

第六项：请旗委副书记、政府旗长××同志做重要讲话。

第七项：今天的总结会议议程已全部进行完毕。会上，各乡镇汇报了上半年农业和农村经济工作进展情况、工作中存在的问题及下半年的工作安排。各乡镇能立足当地实际，创造性地开展工作，工作思路清晰、定位准确、重点突出、成绩显著，很值得我们认真总结，交流推广；部分涉农部门结合自身行业特点，重点围绕"支农"方面谈了自己的工作措施，并对下半年的工作进行了表态发言；旗人大、政协的领导和旗委刘调研、政府胡调研和老干部代表×××都根据当前的农业生产情况提出了很好的意见和建议；刚才，××旗长代表旗委、政府做了重要讲话，全面分析了我旗农业生产和农村经济工作的形势，总结了经验，查摆出了存在的问题，安排部署了下半年的重点工作。××旗长的讲话对我们今后做好农业和农村经济工作具有重要的指导意义。会后，各乡镇和各涉农部门要认真贯彻落实好××旗长的讲话和本次会议精神，把各项工作抓紧、抓实、抓细、抓出成效。

为了解决好存在的问题，全力抓好××旗长在讲话中提出的下半年12项重点工作的落实，我认为要努力做到六个方面的新突破：

第一，在思想认识上要有新的突破。

第二，在与时俱进、创新工作方法上有新的突破。

第三，在转变职能和工作措施上有新的突破。

第四，在组织领导上要有新的突破。

第五，在抓好落实和督促检查工作上要有新的突破。

第六，在宣传动员工作上要有新的突破。

同志们，新形势下我旗农业和农村经济工作面临着良好的发展机遇，这次农区种植业及农牧业产业化建设现场观摩总结会议，必将对全旗的经济工作起到积极的推动作用，让我们在旗委、政府的正确领导下，振奋精神，与时俱进，突出重点，扎实工作，为实现农业增效，农民增收，为全面建设小康社会，为把我旗各项事业更加卓有成效地推向前进而努力奋斗！

谢谢大家！①

★课后思考和练习

1. ××市政府与××省教育学会联合在该市举行"×××学术讨论会"，拟请

---

① 李笑：《公司行政主管实用手册》，403页，北京，经济管理出版社，2010。

××省教育学权威×××先生担任学术顾问。请以××市政府名义给×××先生写一份聘书。

2.××施工队在抢修××路段时抓时抢刻，夜以继日，在保质保量的前提下提前半个月完成施工任务，为国家和社会节约了大量的资金，提高了经济效益。请你以施工队的名义写一份喜报，向上级单位建筑公司报喜。

3.写一篇在开学典礼上欢迎新同学的讲话，要求400字左右。

4.写一篇在毕业典礼上欢送毕业生的讲话，要求400字左右。

5.写一篇在毕业典礼上感谢学校和老师的讲话，要求400字左右。

6.为自己的父亲、母亲或师长的生日写一份祝寿辞。

参考书目

李付庆．公共关系学．南京：南京大学出版社，2015

杨振宇．现代文秘学．哈尔滨：黑龙江大学出版社．2010

徐克茹等．职业秘书礼仪教程．北京：清华大学出版社，2008

周季平．商务秘书礼仪．北京：中国劳动社会保障出版社，2005

岳凯华．当代秘书学．长沙：湖南师范大学出版社，2001

吕艳芝．公务礼仪标准培训．北京：中国纺织出版社，2016

谭一平等．秘书礼仪实务．北京：外语教学与研究出版社，2010

王晶等．秘书礼仪规范与实践．北京：清华大学出版社，2015

普诚雨．秘书礼仪基础．北京：高等教育出版社，2004

金正昆．社交礼仪教程．北京：中国人民大学出版社，2016

金正昆．接待礼仪．北京：中国人民大学出版社，2015

金正昆．政务礼仪教程．北京：中国人民大学出版社，2016

杨贺等．商务礼仪．北京：北京理工大学出版社，2016

王瑞成，柏莹．现代实用礼仪．南京：东南大学出版社，2011

雷鸣，吴良勤．秘书日常工作实训．北京：中国人民大学出版社，2011

姜红．商务礼仪．上海：复旦大学出版社，2009

谭海燕．别说你懂请示汇报．北京：中国电力出版社，2015

张浩．新编办公室文秘写作大全．北京：北京工业大学出版社，2012

文博．新编企业办公室文秘写作与范例全书．北京：中国纺织出版社，2010

阎杰，高鸿雁．礼仪文书写作．北京：气象出版社，2012

后 记

　　通识教育作为现代高等教育的有机组成部分，是培养复合型、应用型人才的必要途径。为适应经济社会发展对人才"复合多能"的素质结构新要求，国内很多高校已提出并逐步落实大学生通识教育课程体系。作为近年来高校通识教育课程中较为重要的课程，"礼仪"相关课程顺应了通识教育的要求，对提高大学生的综合素质、建立良好的人际关系、塑造良好的职业形象起到了重要的作用，是一门综合性和应用性很强的人文基础课程和技能基础课程。礼仪涉及的范围十分广泛，几乎包括社会的各个方面。礼仪对文秘工作更具有特殊意义，在文秘工作中，秘书人员往往要和来自不同领域的各种各样的人打交道，熟谙交际接待等社交礼仪知识就显得非常必要。礼仪与文秘人员的辅助决策、协调关系、自身提高都有着密不可分的关系，它在秘书工作中发挥着极其重要的作用，是秘书人员不可忽视的一种修养和技能。然而，传统的文秘礼仪教材却存在诸多不足，不能满足教学的需要。

　　1. 重理论轻实践

　　文秘礼仪课程是一门对实践训练要求高的课程，教学时除了要让学生懂得文秘礼仪的理论知识，更重要的是要让学生从细节中发现问题、改正错误，并在实践课程体系中进行反复的实际训练，从而形成良好的礼仪习惯。然而，现有的大多数文秘礼仪教材，往往只重视礼仪知识的掌握，忽视了学生身体力行、亲自参与活动的实训环节，导致学生实践能力较差。

　　2. 重常式轻变式

　　文秘礼仪教材中的礼仪规范，主要是就通常情况而言的，因而常式居多，而对各种异常情况的变式没有做出明确规定。文秘礼仪教学的目的不仅在于让学生掌握礼仪规范的常式，还在于让学生掌握礼仪规范的变式，并在实际交往情景中灵活运用。这就需要教材不仅要重视文秘礼仪知识点的讲授，更要让学生理解某种礼仪规制产生的社会文化背景和民族深层的心理积淀，使其知其然，也知其所以然。而现有的文秘礼仪教材，往往只重视常式方面的教学而忽略了变式方面的教学。

为克服上述不足，增强学生的实践能力，达到学以致用的教学目的，编者在多年的文秘礼仪教学实践基础上，依托"现代礼仪课程实训体系"，落实在社会实践中运用礼仪、在实训体系中模拟礼仪、在案例教学中掌握礼仪的"阶梯式教学模式"，编写了这本《文秘礼仪教程》。本书注重文秘礼仪的实践实训，对礼仪文化的部分也多有涉及，图片、案例丰富，细节翔实，既适用于文秘、中文、经贸管理等专业的教学，也可作为青年学生通识教育的学习参考书籍。

因本书的使用对象以青年学生为主，故编写过程中特别选择了贴近他们生活的案例和插图。此外，以往的礼仪教材对仪表礼仪中男士正装皮鞋的具体内容鲜有涉及，而男士正装皮鞋恰恰是男装礼仪中不可或缺的一个重要部分，本书针对这一内容做了详细的讲述，以期增加教材的实用性和时尚感。

《文秘礼仪教程》获西安工业大学 2014 年规划讲义立项和西安工业大学 2017 年规划教材立项。全书由牛芳整体策划并组织编撰，参撰者多为具有博士、硕士学位的高校优秀青年教师，具有深厚的学养和丰富的教学经验。兹依章节顺序将参撰者情况说明如下：第一章由敬晓庆编写；第二章由牛芳编写；第三章由吕蕴鸽编写；第四章由何江波编写第一至第四节，闫梦田编写第五至第八节；第五章由王素编写。插图由乔广安拍摄，插图模特是袁霞、都炜煜、郑昕。

诚挚感谢敬晓庆博士在本教材的成书过程中提出中肯、宝贵的意见，感谢程建虎博士为本教材的出版做出不懈努力，感谢乔广安老师和我的学生袁霞、都炜煜为本书拍摄了丰富精美的插图，感谢郑昕女士的友情出镜，感谢各位编者的辛勤写作。由于参编者均为青年教师，疏漏和不足之处在所难免，还望得到方家的批评指正！

牛　芳

2017 年 10 月

扫描二维码查看
《文秘礼仪教程》教学课件